Impressum
Verlag: BABADADA GmbH, Nedderfeld 112 , 22529 Hamburg
Geschäftsführer / Verlagsleitung: Harald Hof
Druck: Books on Demand GmbH, In de Tarpen 42, 22848 Norderstedt

Imprint
Publisher: BABADADA GmbH, Nedderfeld 112 , 22529 Hamburg, Germany
Managing Director / Publishing direction: Harald Hof
Print: Books on Demand GmbH, In de Tarpen 42, 22848 Norderstedt, Germany

escuela

اسکول

dividir
تقسیم کریں

186/2

pizarra
بورڈ

aula
کمرہ جماعت

patio
سکول کا صحن

maestro/a
اُستاد

papel
کاغذ

escribir
لکھنا

bolígrafo
قلم

escritorio
میز

regla
پیمانہ

libro
کتاب

alumno/a
شاگرد

cartera

بستہ

caja de lápices

پینسل کیس

lápiz

پینسل

sacapuntas

پینسل شارپنر

goma de borrar

ربڑ

cuaderno de dibujo

ڈرائنگ پیڈ

dibujo

ڈرائنگ

pincel

پینٹ برش

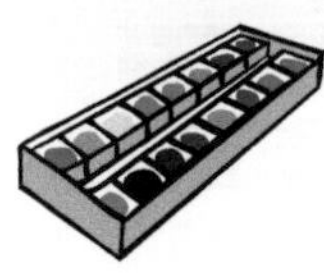

caja de pinturas

پینٹ باکس

tijeras

قینچی

pegamento

گوند

cuaderno de ejercicios

مشق کی کاپی

deberes

ہوم ورک

número

ہندسہ

2+2

sumar

جمع کریں

restar

منفی کریں

multiplicar

ضرب دیں

calcular

شمارکریں

letra

خط

alfabeto

حروف تہجی

palabra

لفظ

texto

متن

leer

پڑھنا

tiza

چاک

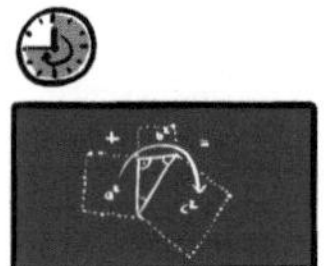

lección

سبق

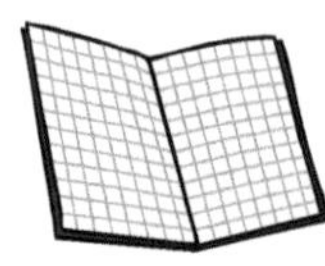

cuaderno de notas

اندراج

examen

امتحان

certificado

سند

uniforme escolar

سکول یونیفارم

educación

تعلیم

enciclopedia

انسائیکلوپیڈیا

universidad

یونیورسٹی

microscopio

خورد بین

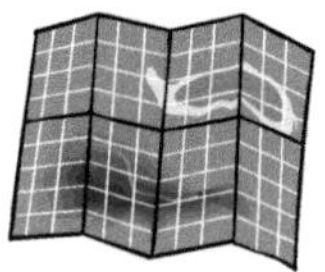

mapa

نقشہ

papelera

ویسٹ پیپرباسکٹ

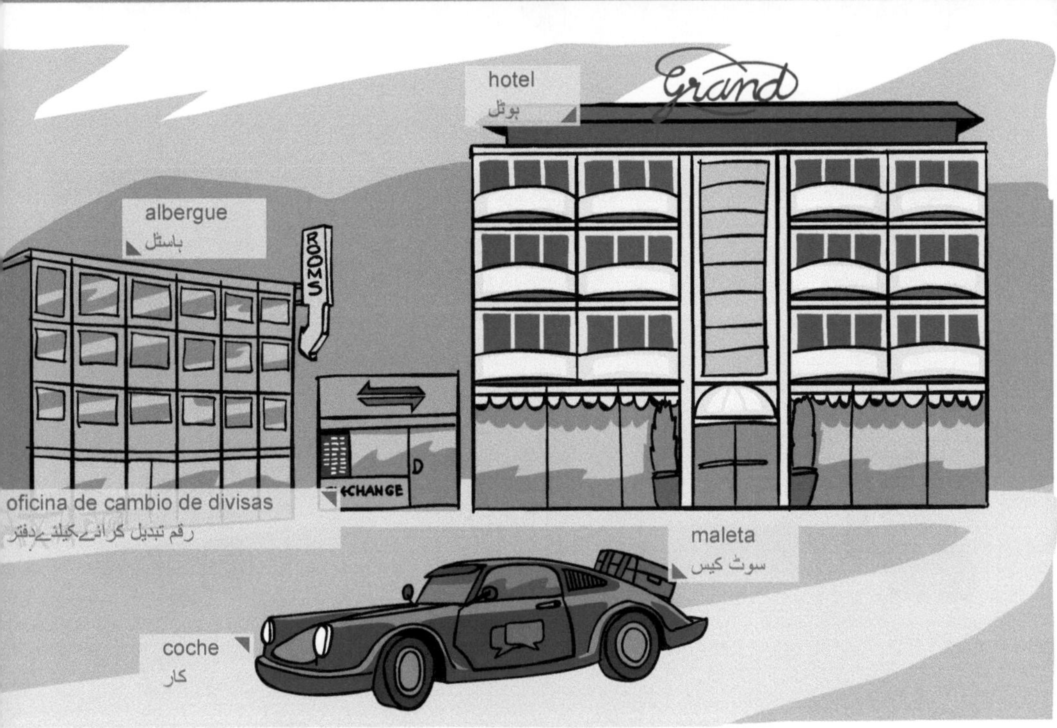

viaje

سفر

hotel
ہوٹل

albergue
ہاسٹل

oficina de cambio de divisas
رقم تبدیل کرانے کیلئے دفتر

maleta
سوٹ کیس

coche
کار

idioma

زبان

sí / no

ہاں / نہیں

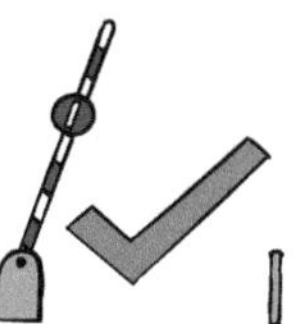

Vale

ٹھیک ہے

hola

ہیلو

traductor

مُترجم

Gracias

شُکریہ

¿cuánto es...?

... کی کیا قیمت ہے؟

No entiendo

میں نہیں سمجھتا

problema

مشکل

¡Buenas tardes!

شام بخیر!

¡Buenos días!

صبح بخیر!

¡Buenas noches!

شب بخیر!

adiós

الوداع

dirección

سمت

equipaje

سفری سامان

bolsa

بیگ

mochila

بیگ پیک

invitado

مہمان

habitación

کمرہ

saco de dormir

سلیپنگ بیگ

tienda de campaña

ٹینٹ

información turística

سیاحوں کے لئے معلومات

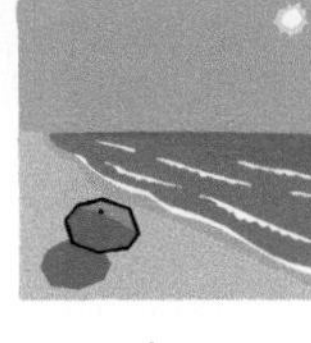

playa

ساحل

tarjeta de crédito

کریڈٹ کارڈ

desayuno

ناشتہ

almuerzo

لنچ

cena

ڈنر

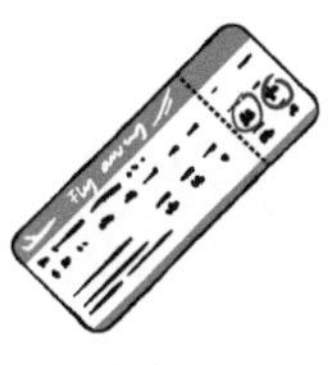

billete

ٹکٹ

ascensor

لفٹ

sello

مُہر

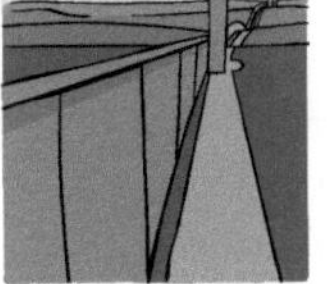

frontera

سرحد

aduana

کسٹمز

embajada

سفارت خانہ

visa

ویزا

pasaporte

پاسپورٹ

transporte

نقل وحمل

avión
ہوائی جہاز

barco
سمندری جہاز

coche de bomberos
آگ بُجھانے والی گاڑی

autobús
بس

camión
ٹرک

lancha a motor
موٹربوٹ

bicicleta
سائیکل

coche
کار

transbordador

فیری

barca

کشتی

moto

موٹرسائیکل

coche de policía

پولیس کار

coche de carreras

ریسنگ کار

coche de alquiler

کرایہ پرکار

préstamo de vehículos

....

کارکا اشتراک کرنا

grúa

....

کھینچنےوالا ٹرک

camión de la basura

....

کوڑے والا ٹرک

motor

....

کار

gasolina

....

ایندھن

gasolinera

....

پٹرول اسٹیشن

señal de tráfico

....

ٹریفک کےنشانات

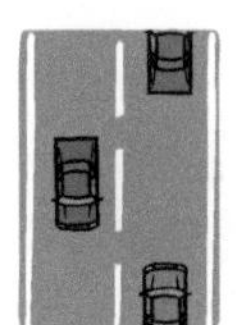

tráfico

....

ٹریفک

atasco

....

ٹریفک جام

aparcamiento

....

کارپارک

estación de tren

....

ٹرین اسٹیشن

vías

....

پٹڑیاں

tren

....

ٹرین

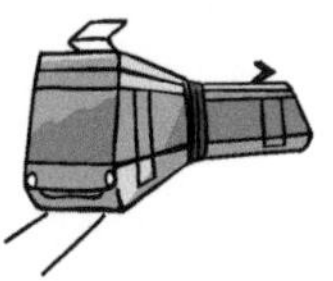

tranvía

....

ٹرام

vagón

....

ویگن

helicóptero

ہیلی کاپٹر

aeropuerto

ائرپورٹ

torre

ٹاور

pasajero

مسافر

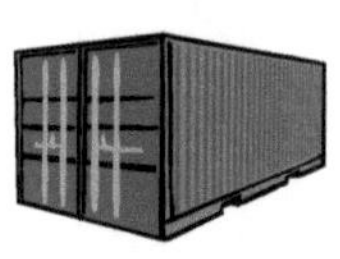

contenedor

کنٹینر

caja de cartón

ڈبہ

carretilla

ریڑھا

cesta

ٹوکری

despegar / aterrizar

اُڑان بھرنا / زمین پراُترنا

ciudad

شہر

pueblo

گاؤں

centro de ciudad

سٹی سنٹر

casa

مکان

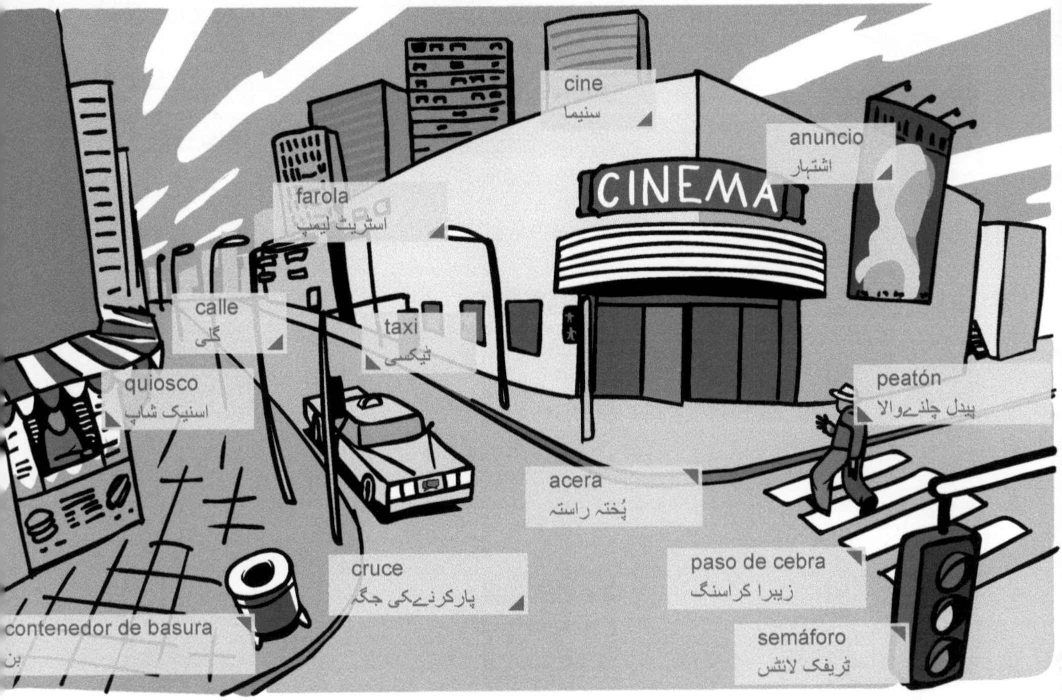
cine
سنیما
anuncio
اشتہار
CINEMA
farola
اسٹریٹ لیمپ
calle
گلی
taxi
ٹیکسی
quiosco
اسنیک شاپ
peatón
پیدل چلنے والا
acera
پُختہ راستہ
cruce
پارکرنےکی جگہ
paso de cebra
زیبرا کراسنگ
contenedor de basura
بن
semáforo
ٹریفک لائٹس

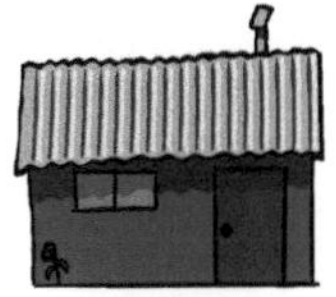

cabaña

ہٹ

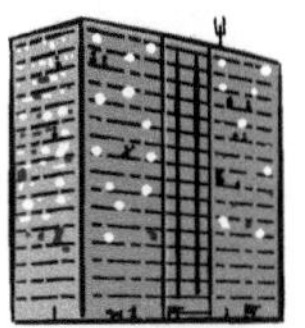

apartamento

فلیٹ

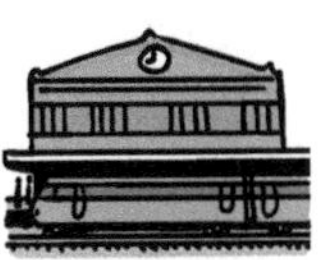

estación de tren

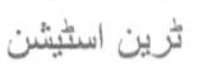

ٹرین اسٹیشن

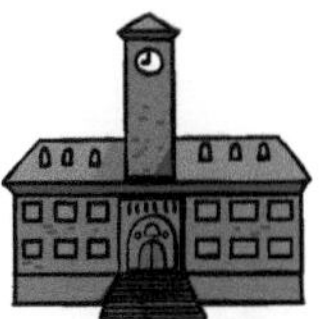

ayuntamiento

ٹاؤن ہال

MUSEUM

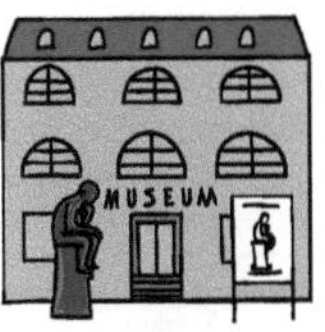

museo

عجائب گھر

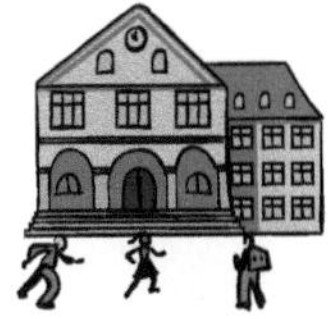

escuela

اسکول

universidad

یونیورسٹی

banco

بینک

hospital

ہسپتال

hotel

ہوٹل

farmacia

فارمیسی

oficina

دفتر

librería

کتابوں کی دکان

tienda

دکان

floristería

پھولوں کی دُکان

supermercado

سُپرمارکیٹ

mercado

مارکیٹ

grandes almacenes

ڈیپارٹمنٹ سٹور

pescadería

مچھلی کی دُکان

centro comercial

شاپنگ سنٹر

puerto

بندرگاہ

parque

پارک

banco

بنچ

puente

پُل

escaleras

سیڑھیاں

metro

انڈرگراؤنڈ

túnel

سرُنگ

parada de autobús

بس اسٹاپ

bar

شراب خانہ

restaurante

ریسٹورنٹ

buzón

پوسٹ باکس

poste indicador

اسٹریٹ سائن

parquímetro

پارکنگ میٹر

zoo

چڑیا گھر

piscina

سوئمنگ پول

mezquita

مسجد

granja

کھیت

contaminación

آلودگی

cementerio

قبرستان

iglesia

چرچ

patio de juego

کھیل کا میدان

templo

مندر

paisaje

منظر

hoja
پتہ

señal
رہنمائی کے لئے لگا ہوا بورڈ

camino
راستہ

prado
سبزہ زار

piedra
پتھر

excursionista
پیدل چلنے والا، ہائکر

árbol
درخت

río
دریا

hierba
گھاس

flor
پھول

valle

وادی

colina

پہاڑی

lago

جھیل

bosque

جنگل

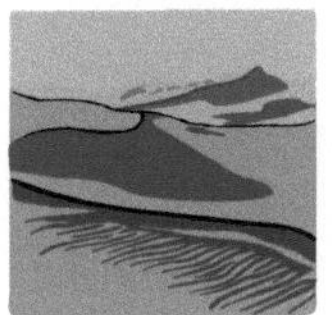

desierto

صحرا

volcán

آتش فشاں

castillo

قلعہ

arcoíris

قوس قزح

champiñón

کھمبی

palmera

کجھورکا درخت

mosquito

مچھر

mosca

مکھی

hormiga

چیونٹی

abeja

مکھی

araña

مکڑا

escarabajo

بھونرا

rana

مینڈک

ardilla

گلہری

erizo

خارپُشت

liebre

خرگوش

lechuza

اُلو

pájaro

پرندہ

cisne

راج ہنس

jabalí

سؤر

ciervo

ہرن

alce

امریکی بارہ سنگھا

presa

ڈیم

turbina eólica

ہوا سے چلنے والی ٹربائین

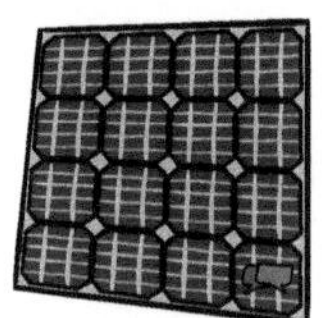

panel solar

سولر پینل

clima

آب وہوا

restaurante

ریسٹورنٹ

camarero
ویٹر

menú
مینیو

silla
کُرسی

sopa
سوپ

pizza
پیزا

cubertería
کٹلری

mantel
ٹیبل کلاتھ

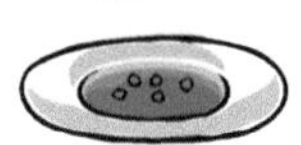

primer plato

اسٹارٹر

plato principal

مین کورس

postre

ڈیزرٹ

bebidas

مشروبات

comida

کھانے کی اشیاء

botella

بوتل

comida rápida

فاسٹ فوڈ

comida callejera

اسٹریٹ فوڈ

tetera

چائےدانی

azucarero

شوگرباکس

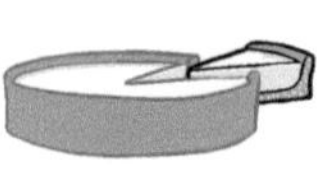

porción

حصہ

cafetera expreso

ایسپریسو مشین

trona

اونچی کُرسی

cuenta

بل

bandeja

ٹرے

cuchillo

چھُری

tenedor

کانٹا

cuchara

چمچ

cucharilla

چائےکا چمچ

servilleta

سرویئیٹی

vaso

شیشہ

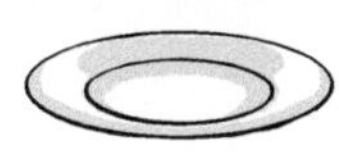

plato

پلیٹ

plato hondo

سوپ پلیٹ

platillo

طشتری

salsa

چٹنی

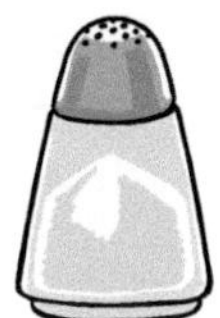

salero

سالٹ شیکر

molinillo de pimienta

پیپرمل

vinagre

سرکہ

aceite

خوردنی تیل

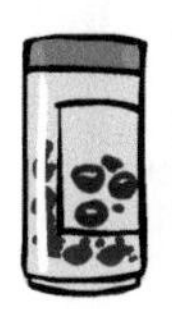

especias

مصالحے

ketchup

کیچپ

mostaza

سرسوں

mayonesa

میئونیز

supermercado

سُپرمارکیٹ

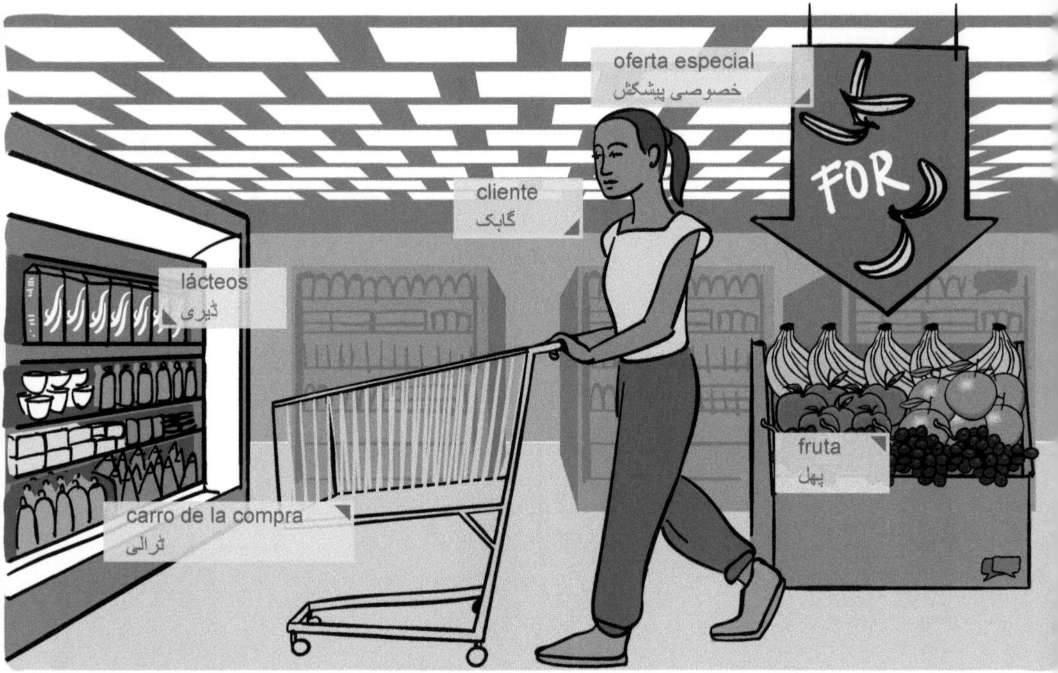

oferta especial
خصوصی پیشکش
FOR
cliente
گاہک
lácteos
ڈیری
fruta
پھل
carro de la compra
ٹرالی

BUTCHERS

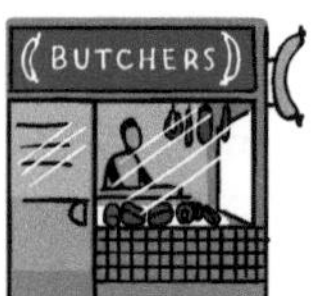

carnicería

گوشت کی دُکان

BAKERY

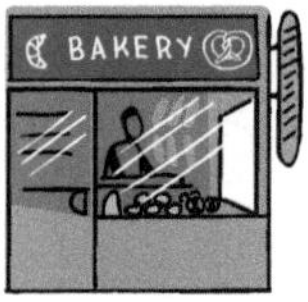

panadería

بیکری

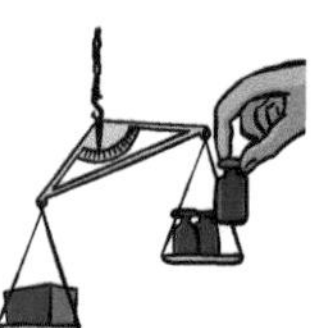

pesar

وزن کرنا

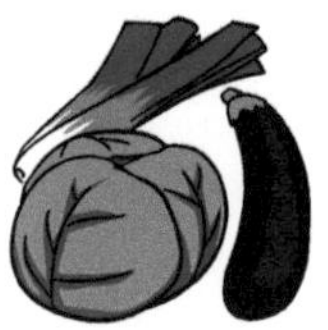

verduras

سبزیاں

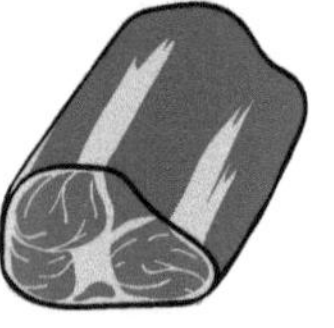

carne

گوشت

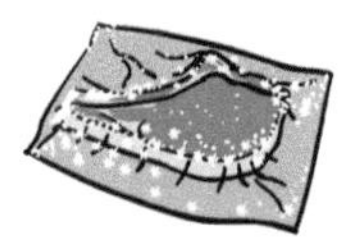

alimentos congelados

جما ہوا کھانا

fiambres

کولڈ کٹس

conservas

ڈبےمیں بند کھانا

detergente en polvo

واشنگ پاؤڈر

dulces

مٹھائیاں

productos de uso doméstico

گھریلو مصنوعات

productos de limpieza

صاف کرنےکیلئےمصنوعات

vendedora

سیلزپرسن

caja

کیش رجسٹر

cajero

کیشئیر

lista de la compra

خریداری کی فہرست

horario de atención al público

اوقات کار

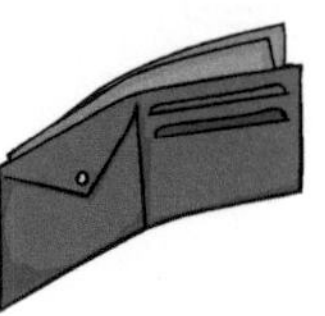

cartera

بٹوہ

tarjeta de crédito

کریڈٹ کارڈ

bolsa

تھیلا

bolsa de plástico

پلاسٹک کےتھیلے

bebidas

مشروبات

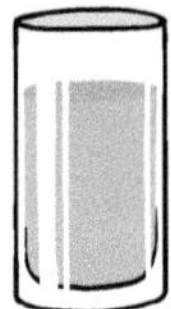

agua

پانی

zumo

جوس، رس

leche

دودھ

cola

کوک

vino

وائن

cerveza

بیئر

alcohol

الکوحل

cacao

کوکوآ

té

چائے

café

کافی

expreso

ایسپریسو

capuchino

کیپاچینو

comida

کھانے کی اشیاء

plátano
کیلا

manzana
سیب

naranja
مالٹا

melón
خربوزہ

limón
لیموں

zanahoria
گاجر

ajo
لہسن

bambú
بانس

cebolla
پیاز

champiñón
کھُمبی

avellanas
اخروٹ، بادام وغیرہ

fideos
نوڈلز

espagueti

....

اسپیگیٹی

arroz

....

چاول

ensalada

....

سلاد

patatas fritas

....

چپس

patatas fritas

....

تلے گئے آلو

pizza

....

پیزا

hamburguesa

....

ہیم برگر

sándwich

....

سینڈوچ

filete

....

کٹلیٹ

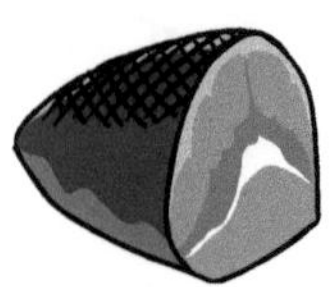

jamón

....

سؤرکی ران کا گوشت

salami

....

گوشت کی اطالوی ساسیج

salchicha

....

ساسیج

pollo

....

مُرغی

asado

....

روسٹ

pescado

....

مچھلی

copos de avena

جئی کا دلیہ

muesli

میوزلی

copos de maíz

کارن فلیکس

harina

آٹا

cruasán

کروئیسنٹ

panecillo

بریڈ رول

pan

بریڈ

tostada

ٹوسٹ

galletas

بسکٹ

mantequilla

مکھن

cuajada

دہی

pastel

کیک

huevo

انڈا

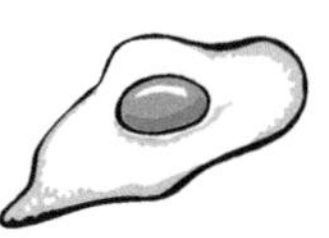

huevo frito

فرائی کیا گیا انڈہ

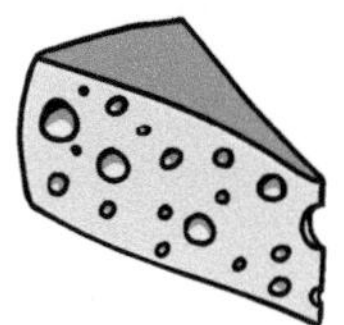

queso

پنیر

helado

آئس کریم

azúcar

چینی

miel

شہد

mermelada

جام

crema de turrón

ناؤگٹ کریم

curry

سالن

granja
کھیت

granja
فارم ہاؤس

granero
کھلیان

fardo de paja
تنکوں کی گانٹھ

campo
کھیت

caballo
گھوڑا

remolque
ٹریلر

potro
گھوڑے کا بچہ

tractor
ٹریکٹر

burro
گدھا

oveja
بھیڑ

cordero
میمنہ

cabra
بکری

vaca
گائے

ternero
بچھڑا

cerdo
سؤر

cerdito
سؤر کا بچہ

toro
سانڈ

ganso

راج ہنس

pato

بطخ

pollo

چوزہ

gallina

مُرغی

gallo

مُرغا

rata

چوہا

gato

بلی

ratón

چوہا

buey

بیلچہ

perro

کُتا

perrera

کُتے کا گھر

manguera

گارڈن ہاؤس

regadera

پانی کا کین

guadaña

درانتی

arado

ہل

hoz

درانتی

azada

بیلچہ

horca

ترنگل

hacha

کلہاڑا

carretilla

ہتھ گاڑی

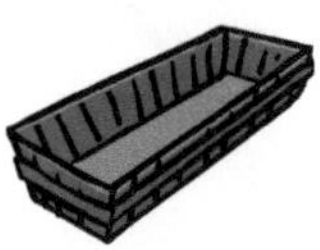

abrevadero

حوض

lechera

دودھ کا کین

saco

تھیلا

valla

باڑ

establo

اصطبل

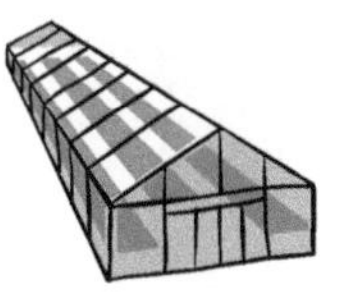

invernadero

گرین ہاؤس

suelo

مٹی

semilla

بیج

fertilizador

فرٹیلائیزر

cosechadora

کمبائن ہارویسٹر

cosechar

فصل کاٹنا

cosecha

فصل کاٹنا

ñame

افریقی آلو

trigo

گندم

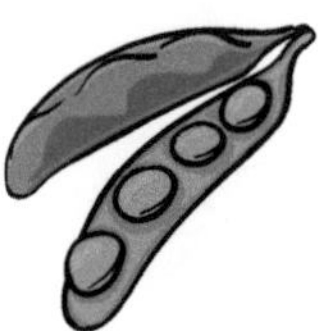

soja

سویا

patata

آلو

maíz

مکئی

semilla de colza

توریا کا تیل

árbol frutal

پھلداردرخت

mandioca

کساوا

cereales

دلیہ

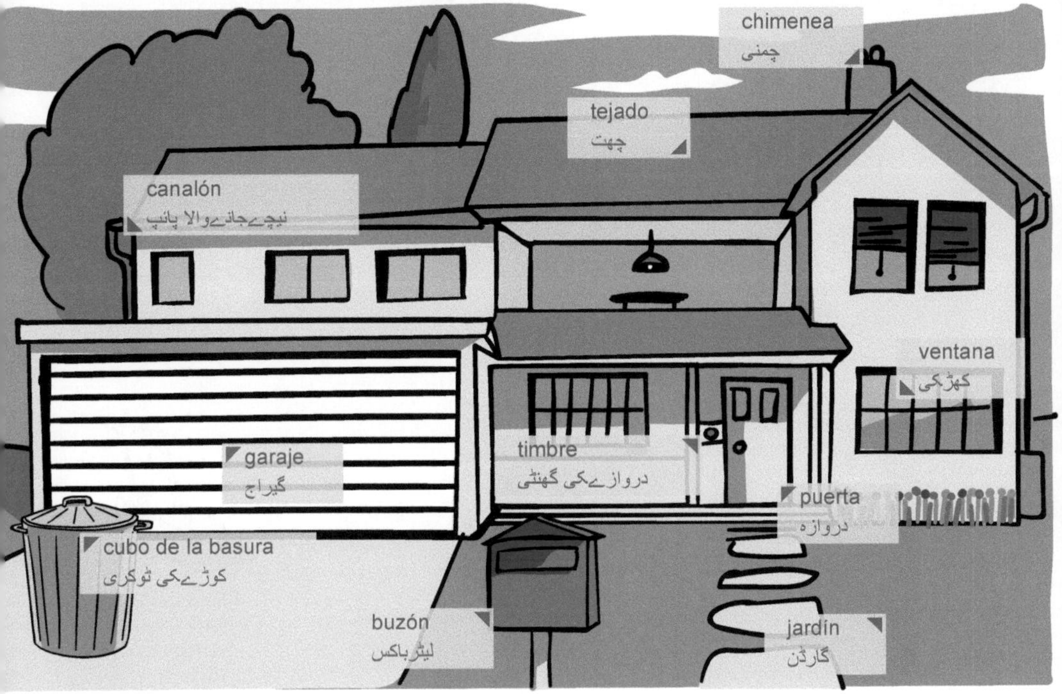

casa
مکان

chimenea
چمنی

tejado
چھت

canalón
نیچے جانے والا پائپ

ventana
کھڑکی

garaje
گیراج

timbre
دروازے کی گھنٹی

puerta
دروازہ

cubo de la basura
کوڑے کی ٹوکری

buzón
لیٹرباکس

jardín
گارڈن

sala
لوونگ روم

cuarto de baño
غُسل خانہ

cocina
باورچی خانہ

dormitorio
بیڈروم

habitación de los niños
بچوں کا کمرہ

comedor
کھانے کا کمرہ

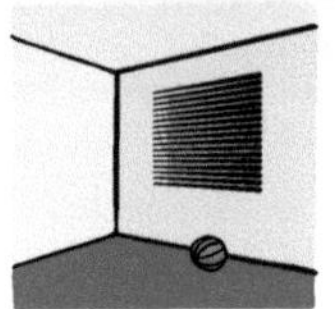

suelo

فرش

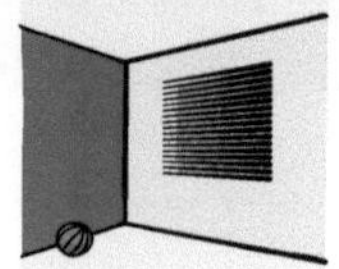

pared

دیوار

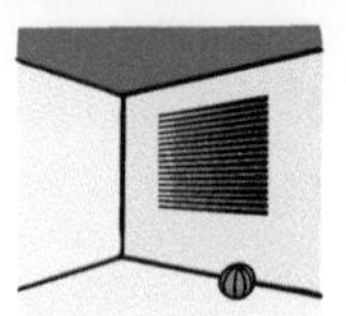

techo

چھت

sótano

تہ خانہ

sauna

سوانا

balcón

بالکونی

terraza

ٹیریس

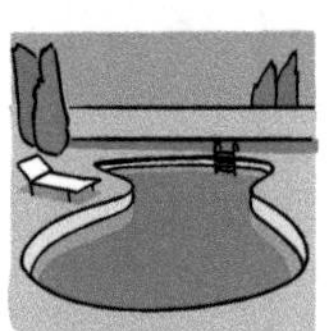

piscina

پول

cortacésped

گھاس کاٹنے کی مشین

sábana

چادر

colcha

چادر

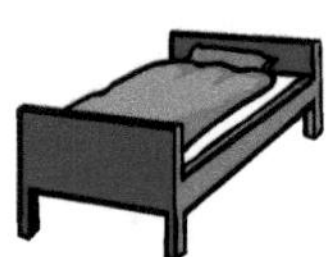

cama

بستر

escoba

جھاڑو

balde

بالٹی

interruptor

سوئچ

sala

لوونگ روم

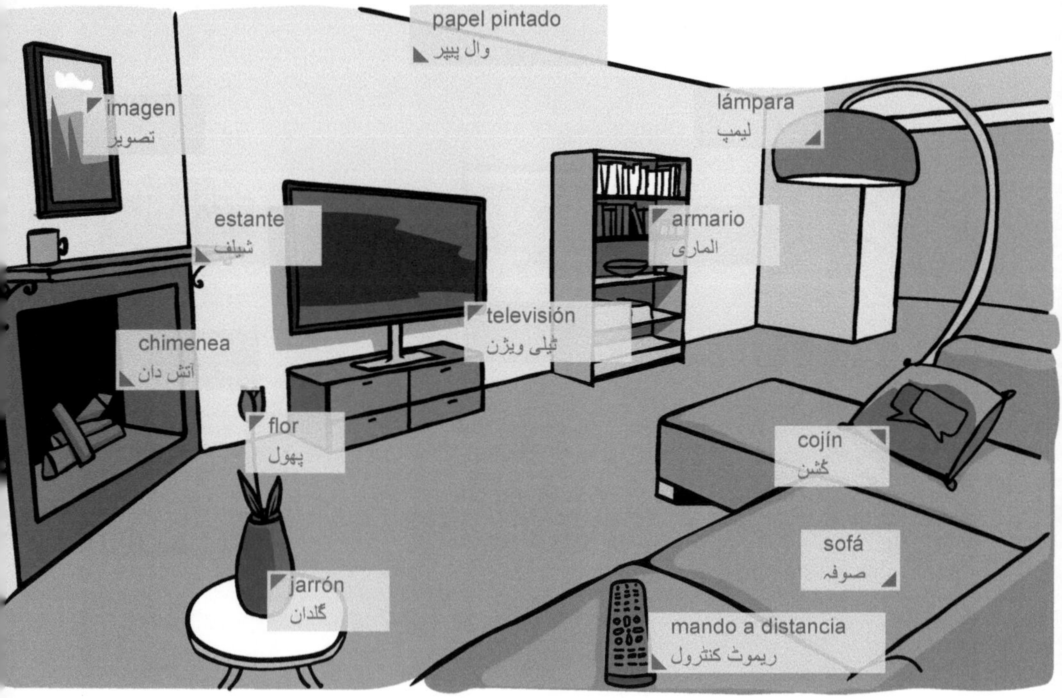

papel pintado
وال پیپر

imagen
تصویر

lámpara
لیمپ

estante
شیلف

armario
الماری

televisión
ٹیلی ویژن

chimenea
آتش دان

flor
پھول

cojín
کُشن

sofá
صوفہ

jarrón
گلدان

mando a distancia
ریموٹ کنٹرول

alfombra
قالین

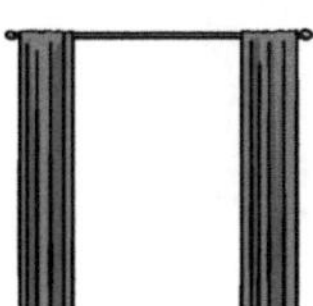

cortina
پردے

mesa
میز

silla
کُرسی

mecedora
ہلنے والی کُرسی

butaca
آرام کُرسی

libro

کتاب

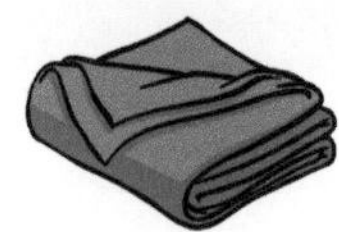

manta

کمبل

decoración

آرائش

leña

جلانےکی لکڑی

película

فلم

equipo de música

ہائی فائی

llave

چابی

periódico

اخبار

pintura

پینٹنگ

póster

پوسٹر

radio

ریڈیو

cuaderno

نوٹ بُک

aspiradora

ویکیوم کلینر

cactus

کیکٹس

vela

موم بتی

cocina
باورچی خانہ

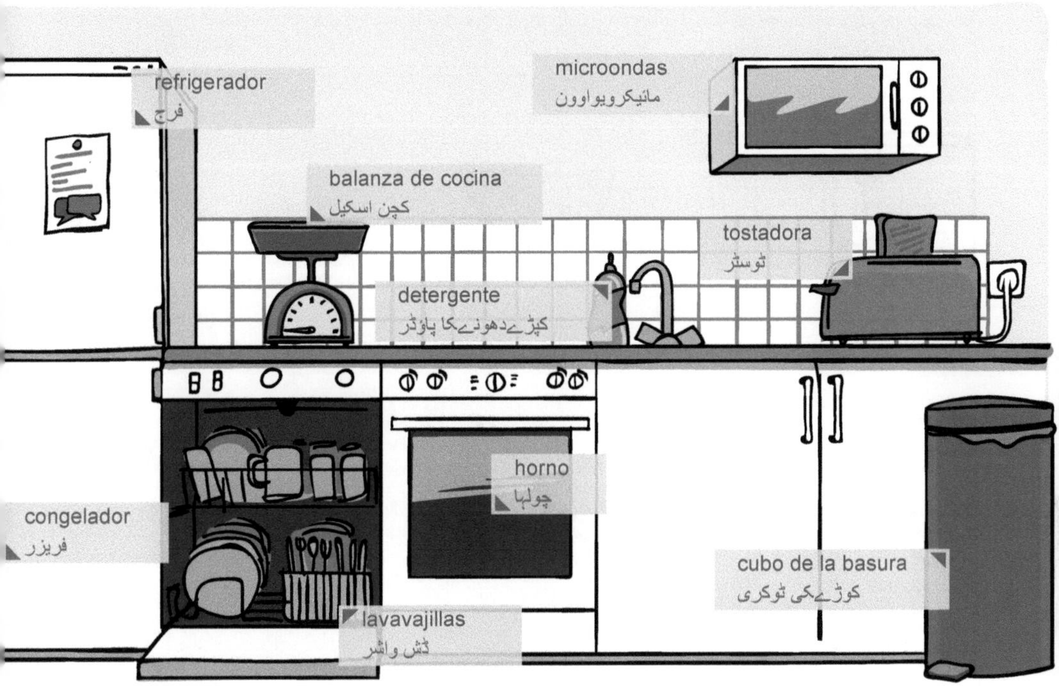

refrigerador
فرج

microondas
مائیکروویواوون

balanza de cocina
کچن اسکیل

tostadora
ٹوسٹر

detergente
کپڑے دھونے کا پاؤڈر

horno
چولہا

congelador
فریزر

cubo de la basura
کوڑے کی ٹوکری

lavavajillas
ڈش واشر

olla a presión
ککر

olla
برتن

olla de hierro fundido
لوہے کا برتن

wok / karahi
کڑاہی

cazuela
برتن

hervidor
کیتلی

vaporera

....

اسٹیمر

chapa de horno

....

بیکنگ ٹرے

vajilla

....

کراکری

taza

....

مگ

tazón

....

پیالہ

palillos

....

چاپ اسٹکس

cucharón

....

ڈوئی

espumadera

....

کفچہ

batidor

....

جھاڑودینا

colador

....

مقطر

cedazo

....

چھلنی

rallador

....

گریٹر

mortero

....

کونڈی

barbacoa

....

باربی کیو

hoguera

....

کھُلی آگ

tabla de picar

چاپنگ بورڈ

rodillo

بیلن

sacacorchos

کارک اسکریو

lata

کین

abrelatas

کین اوپنر

agarrador

برتن پکڑنےوالا کپڑا

lavabo

سنک

cepillo

برش

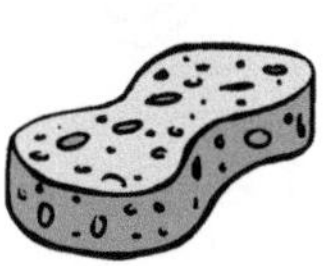

esponja

اسپونج

batidora

بلینڈر

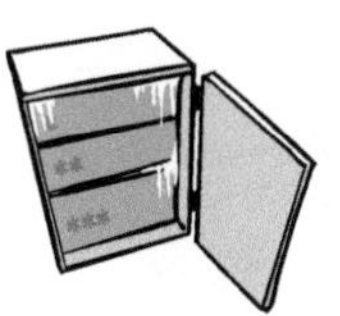

congelador

ڈیپ فریز

biberón

بچےکی بوتل

grifo

ٹونٹی

cuarto de baño
غُسل خانہ

calefacción
ہیٹنگ

ducha
شاور

toalla
تولیہ

cortina de la ducha
شاورکرٹن

baño de espuma
ببل باتھ

bañera
باتھ ٹب

vaso
شیشہ

lavadora
واشنگ مشین

grifo
ٹونٹی

baldosas
ٹائلیں

orinal
پاٹی

lavabo
سنک

inodoro
ٹائلٹ

inodoro rústico
دوزانوں بیٹھنےوالی ٹائلٹ

bidé
نچلاحصہ دھونےکیلئےپاٹ

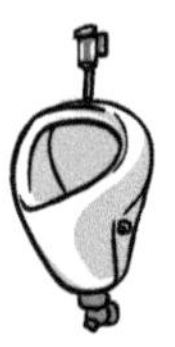

urinario
پیشاب گاہ

papel higiénico
ٹائلٹ پیپر

escobilla del váter
ٹائلٹ برش

cepillo de dientes

ٹوتھ برش

pasta de dientes

ٹوتھ پیسٹ

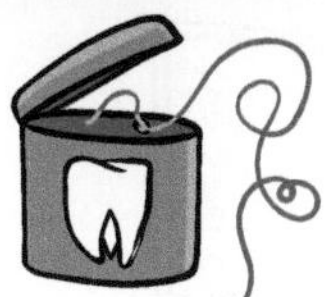

hilo dental

ڈینٹل فلاس

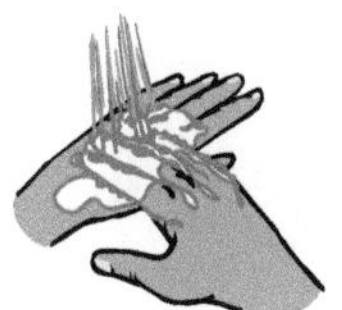

lavar

دھونا

ducha de mano

ہینڈ شاور

ducha íntima

شاور

pila

بیسن

cepillo de espalda

بیک برش

jabón

صابن

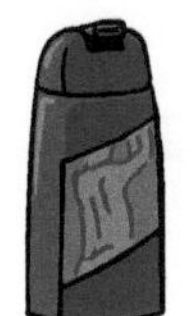

gel de ducha

شاورجل

champú

شیمپو

toallita

فلالین

desagüe

ڈرین

crema

کریم

desodorante

ڈیوڈورنٹ

espejo

آئینہ

espejo de tocador

ہاتھ میں پکڑا جانے والا آئینہ

maquinilla de afeitar

ریزر

espuma de afeitar

شیونگ فوم

loción postafeitado

آفٹر شیو

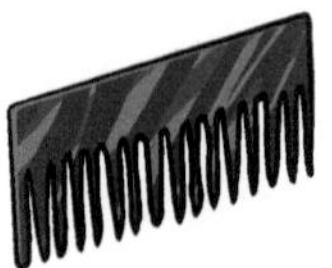

peine

کنگھی

cepillo

برش

secador

ہیئر ڈرائر

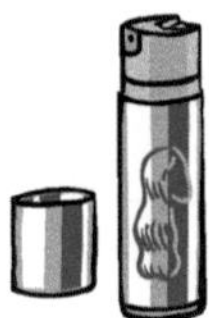

laca

ہیئر اسپرے

maquillaje

میک اپ

pintalabios

لپ اسٹک

pintauñas

نیل وارنش

algodón

روئی

cortauñas

ناخن کاٹنے کی قینچی

perfume

پرفیوم

estuche de viaje

واش بیگ

banqueta

پاخانہ

balanza

وزن کرنے کی مشین

albornoz

باتھ روب

guantes de goma

ربڑ کے دستانے

tampón

ٹیمپون

compresa

سینیٹری ٹاول

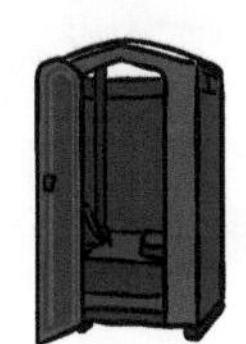

inodoro químico

کیمیکل ٹائلٹ

habitación de los niños

بچوں کا کمرہ

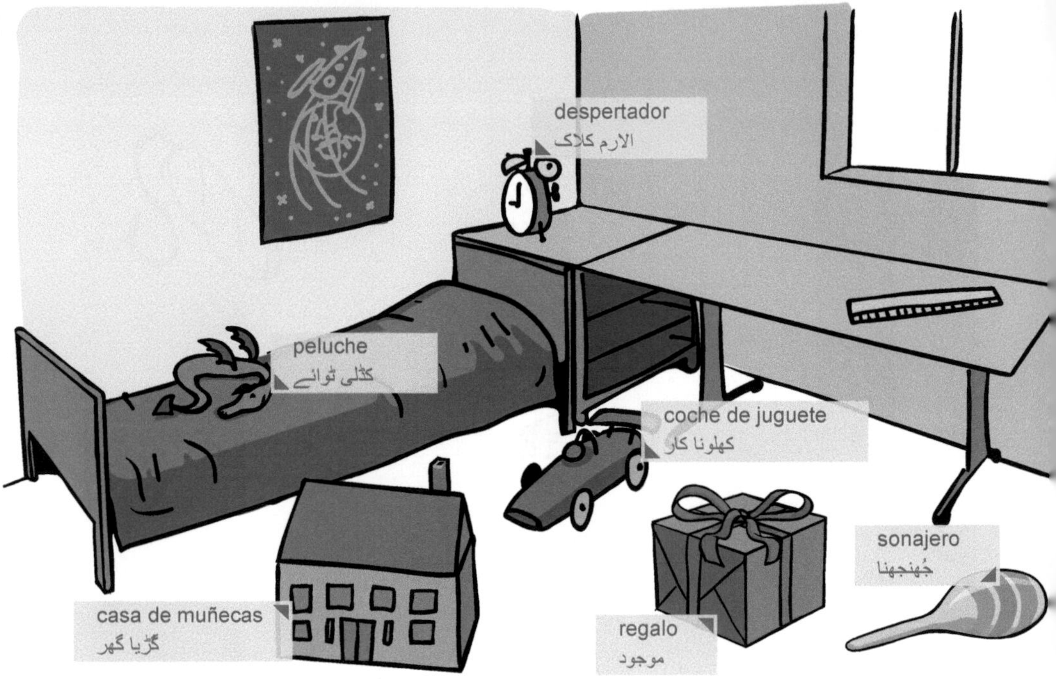

despertador
الارم کلاک

peluche
کڈلی ٹوائے

coche de juguete
کھلونا کار

sonajero
جُھنجھنا

casa de muñecas
گڑیا گھر

regalo
موجود

globo

غبارہ

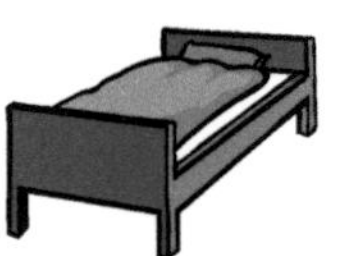

cama

بستر

coche de niño

پرام

naipes

ڈیک آف کارڈز

puzle

جگسا

tebeo

کامک

piezas de lego

لیگوبرکس

bloques de juguete

کھلونا بلاکس

figura de acción

ایکشن فگر

bodi (de bebé)

بچےکا لباس

frisbee

فرسبی

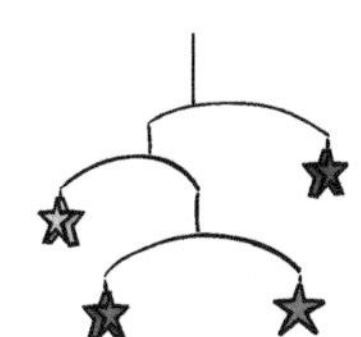

colgador móvil para bebés

کھلونا موبائل

juego de mesa

بورڈ گیم

dados

ڈائس

circuito de tren eléctrico

ماڈل ٹرین سیٹ

maniquí

ڈمی

fiesta

پارٹی

álbum de fotos

تصاویروالی کتاب

pelota

گیند

muñeca

گڑیا

jugar

کھیلنا

cajón de arena

سینڈ پٹ

columpio

جھولا جھولنا

juguetes

کھلونے

videoconsola

وڈیوگیم کنسول

triciclo

تین پہیوں والی سائیکل

oso de peluche

ٹیڈی بیئر

guardarropa

کپڑوں کی الماری

ropa

لباس

calcetines

موزے

medias

اسٹاکنگز

leotardos

ٹائٹس

sandalias
سینڈل

zapatos
جوتے

botas de goma
ربڑکےبوٹس

slip
زیرجامہ

sostén
بریزئیر

chaleco
واسکٹ

bodi

جسم

pantalones

پتلون

vaqueros

جینز

falda

اسکرٹ

blusa

بلاؤز

camisa

قمیض

jersey

پُل اوور

suéter

سویٹر

blazer

بلیزر

chaqueta

جیکٹ

abrigo

کوٹ

gabardina

رین کوٹ

traje

کوئی خاص لباس

vestido

لباس

vestido de novia

شادی کا لباس

traje

سوٹ

camisón

نائٹ گاؤن

pijama

پائجامہ

sari

ساڑھی

bandana

سرپرلیا جانےوالا اسکارف

turbante

پگڑی

burka

بُرقع

caftán

کفتان

abaya

عبایہ

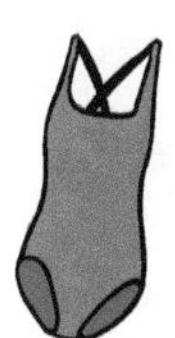

traje de baño

تیراکی کا سوٹ

bañador

ٹرنک

pantalones cortos

نیکر

chándal

ٹریک سوٹ

delantal

اپرن

guantes

دستانے

botón

بٹن

gafas

عینک

brazalete

کنگن

collar

ہار

anillo

انگوٹھی

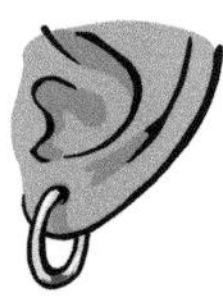

pendiente

کانوں کی بالیاں

gorra

ٹوپی

percha

کوٹ ہینگر

sombrero

ہیٹ

corbata

ٹائی

cremallera

زپ

casco

ہیلمٹ

tirantes

بریسز

uniforme escolar

سکول یونیفارم

uniforme

وردی

babero

بب

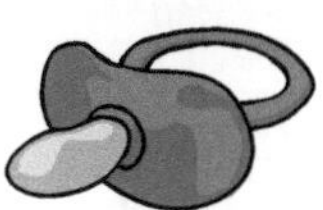

maniquí

ڈمی

pañal

نیپی

oficina

دفتر

servidor
سرور

archivo
فائلوں کی الماری

papel
کاغذ

impresora
پرنٹر

monitor
مانیٹر

ratón
ماؤس

escritorio
میز

carpeta
فولڈر

teclado
کی بورڈ

papelera
ویسٹ پیپرباسکٹ

ordenador
کمپیوٹر

silla
کُرسی

taza de café

کافی مگ

calculadora

کیلکولیٹر

internet

انٹرنیٹ

portátil

لیپ ٹاپ

carta

خط

mensaje

پیغام

móvil

موبائل

red

نیٹ ورک

fotocopiadora

فوٹوکاپئیر

software

سافٹ ویئر

teléfono

ٹیلی فون

toma de corriente

پلگ ساکٹ

fax

فیکس مشین

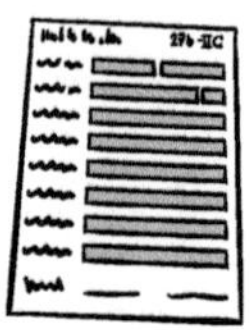

formulario

فارم

documento

دستاویز

economía

معیشت

comprar

خریدنا

pagar

ادائیگی کرنا

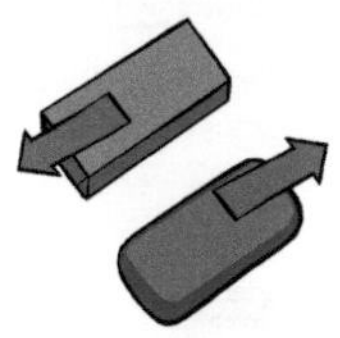

comerciar

تجارت کرنا

dinero

رقم

dólar

ڈالر

euro

یورو

yen

ین

rublo

روبل

franco suizo

سوئس فرانک

renminbi yuan

رینمنبی یوآن

rupia

روپیہ

cajero automático

کیش پوائنٹ

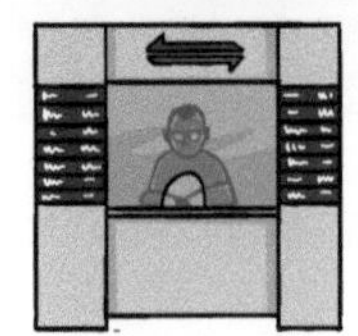

oficina de cambio de divisas

رقم تبدیل کرانےکیلئےدفتر

oro

سونا

plata

چاندی

petróleo

خام تیل

energía

توانائی

precio

قیمت

contrato

معاہدہ

impuesto

ٹیکس

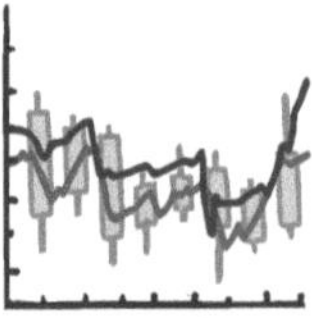

acción

اسٹاک

trabajar

کام کرنا

empleado

ملازم

empleador

آجر

fábrica

فیکٹری

tienda

دکان

oficios
پیشے

agente de policía
پولیس افسر

bombero
فائر مین

cocinero
خانساماں، کُک

médico
ڈاکٹر

piloto
پائلٹ

jardinero

مالی

carpintero

ترکھان

costurera

درزن

juez

جج

farmacéutico

کیمسٹ

actor

اداکار

conductor de autobús

بس ڈرائیور

taxista

ٹیکسی ڈرائیور

pescador

مچھیرا

señora de la limpieza

صفائی کرنےوالی عورت

techador

چھت بنانےوالا

camarero

ویٹر

cazador

شکاری

pintor

پینٹر

panadero

بیکر

electricista

الیکٹریشین

obrero

بلڈر

ingeniero

انجینئیر

carnicero

قصائی

fontanero

پلمبر

cartero

ڈاکیا

soldado

سپاہی

arquitecto

آرکیٹیکٹ

cajero

کیشئیر

florista

پھول بیچنےوالا

peluquero

نائی

revisor

کنڈکٹر

mecánico

مکینک

capitán

کپتان

dentista

ڈینٹسٹ

científico

سائنسدان

rabino

یہودی عالم

imán

امام

monje

راہب

sacerdote

پادری

herramientas

اوزار

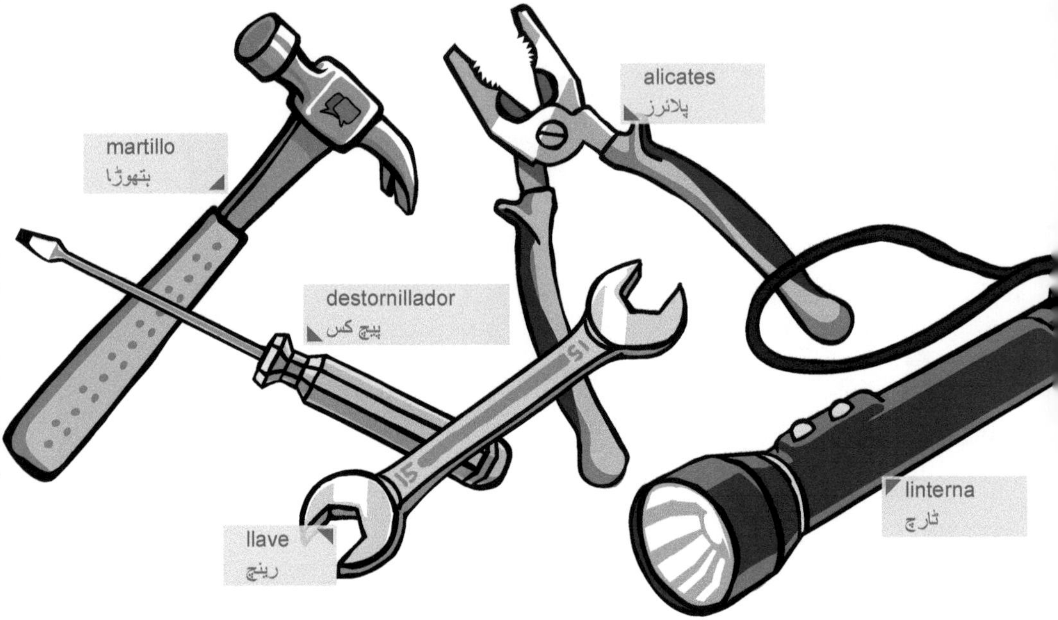

martillo
ہتھوڑا

alicates
پلائرز

destornillador
پیچ کس

llave
رینچ

linterna
ٹارچ

excavadora
ایکسکویٹر

caja de herramientas
ٹول باکس

escalera de mano
سیڑھی

sierra
آری

clavos
کیل

taladro
ڈرل

reparar

مرمت کرنا

pala

بیلچہ

¡Maldita sea!

لعنت ہو!

recogedor

ڈسٹ پین

bote de pintura

پینٹ پاٹ

tornillos

پیچ

instrumentos musicales

آلات موسیقی

altavoz

لاؤڈ اسپیکر

batería

ڈرم سیٹ

guitarra

گٹار

contrabajo

ڈبل باس

trompeta

بگل

piano

پیانو

violín

وائلن

bajo

موسیقی کی آواز

timbales

ٹمپانی

tambor

ڈھول، ڈرمز

teclado

کی بورڈ

saxofón

سیکسوفون

flauta

بانسری

micrófono

مائیکروفون

ZOO

چڑیا گھر

entrada
داخلے کا راستہ

tigre
چیتا

jaula
پنجره

cebra
زیبرا

pienso
جانوروں کا چاره

panda
پانڈا

animales
جانور

elefante
ہاتھی

canguro
کینگرو

rinoceronte
گینڈا

gorila
گوریلا

oso
ریچھ

camello

اونٹ

avestruz

شُترمُرغ

león

شیر

mono

بندر

flamingo

فلیمنگو

loro

طوطا

oso polar

قطبی ریچھ

pingüino

کبوتر

tiburón

شارک

pavo real

مور

serpiente

سانپ

cocodrilo

مگرمچھ

guardián de zoológico

چڑیا گھر کا محافظ

foca

سیل

jaguar

امریکی تیندوا

poni

ٹٹو

leopardo

چیتا

hipopótamo

دریائی گھوڑا

jirafa

زرافہ

águila

عقاب

jabalí

سؤر

pescado

مچھلی

tortuga

کچھوا

morsa

سمندری گھوڑا

zorro

لومڑی

gacela

غزال ہرن

deportes
کھیلیں

actividades

سرگرمیاں

ltar
چھلانگ ل

abrazar
گلے لگانا

reír
ہنسنا

caminar
چلنا

cantar
گانا

soñar
خواب دیکھنا

rezar
دُعا کرنا

besar
چُومنا

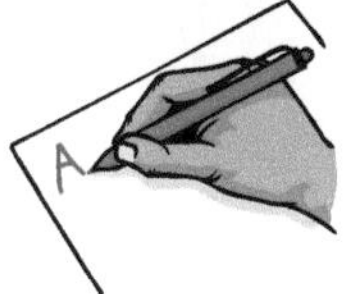

escribir

لکھنا

dibujar

تصویرکشی کرنا

mostrar

دکھانا

empujar

آگے کی طرف دھکیلنا

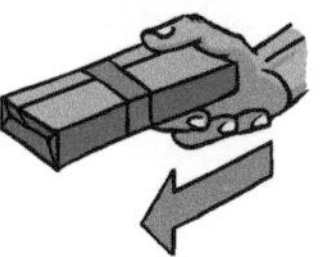

dar

دینا

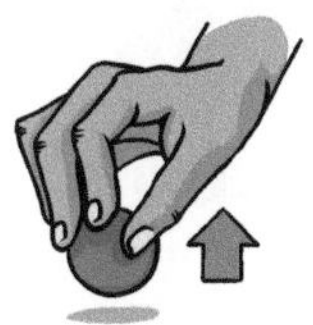

tomar

لینا

tener

رکھنا

hacer

کرنا

ser

ہونا

estar de pie

کھڑا ہونا

correr

دوڑنا

tirar

کھینچنا

tirar

پھینکنا

caer

گرنا

yacer

جھوٹ بولنا

esperar

انتظار کرنا

llevar

اٹھانا

estar sentado

بیٹھنا

vestirse

ملبوس ہونا

dormir

سونا

despertar

جاگنا

mirar

دیکھنا

llorar

رونا

acariciar

چوٹ لگانا

peinar

کنگھی کرنا

hablar

بات کرنا

entender

سمجھنا

preguntar

پوچھنا

escuchar

مُتوجہ ہونا

beber

پینا

comer

کھانا

ordenar

صاف کرنا

amar

پیارکرنا

cocinar

پکانا

conducir

گاڑی چلانا

volar

اُڑنا

navegar

بحری سفر کرنا

calcular

شمار کریں

leer

پڑھنا

aprender

سیکھنا

trabajar

کام کرنا

casarse

شادی کرنا

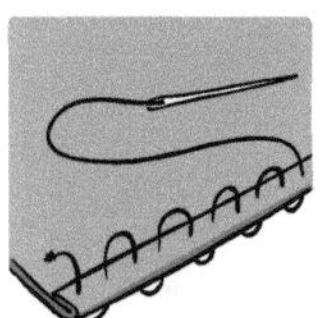

coser

سینا

cepillarse los dientes

دانت صاف کرنا

matar

جان سے مار دینا

fumar

تمباکو نوشی کرنا

enviar

بھیجنا

familia
خاندان

abuela
دادی

abuelo
دادا

padre
باپ

madre
ماں

bebé
طفل

hija
بیٹی

hijo
بیٹا

invitado
مہمان

tía
چچی

tío
چچا

hermano
بھائی

hermana
بہن

cuerpo

جسم

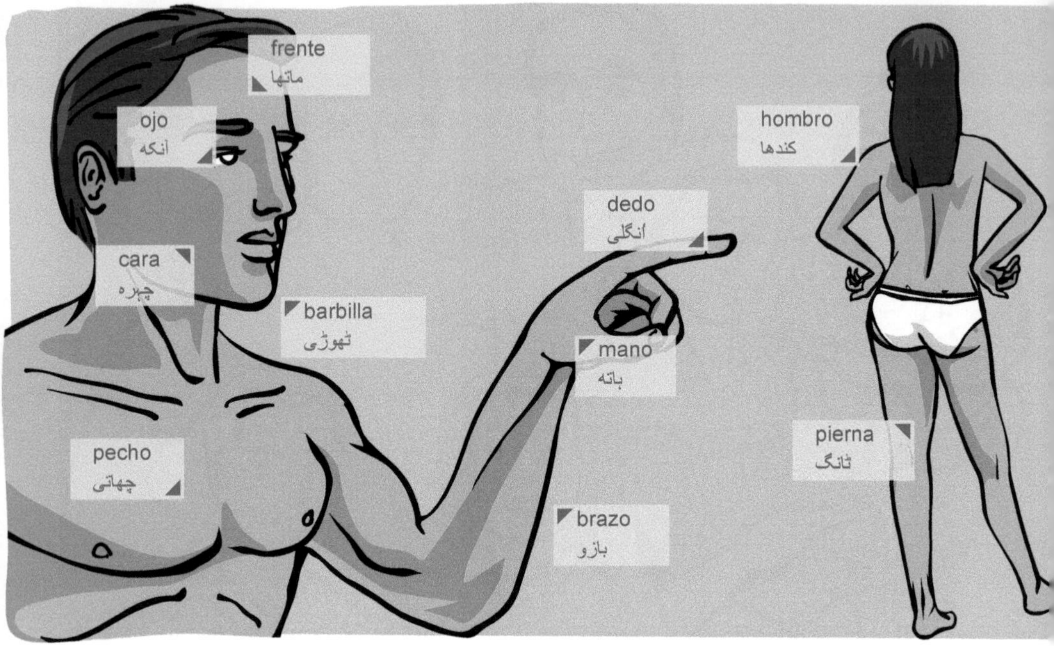

frente
ماتھا

ojo
آنکھ

hombro
کندھا

dedo
انگلی

cara
چہرہ

barbilla
ٹھوڑی

mano
ہاتھ

pecho
چھاتی

pierna
ٹانگ

brazo
بازو

bebé
طفل

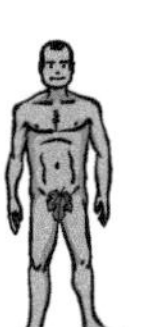

hombre
آدمی

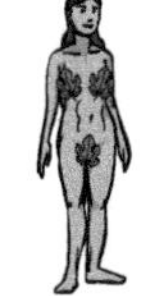

mujer
عورت

chica
لڑکی

chico
لڑکا

cabeza
سر

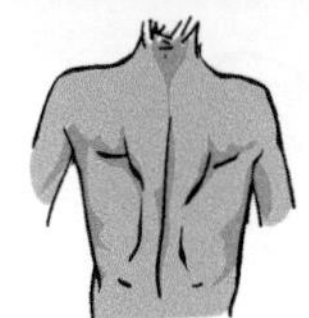

espalda

کمر

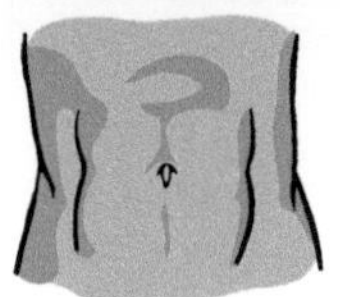

vientre

پیٹ

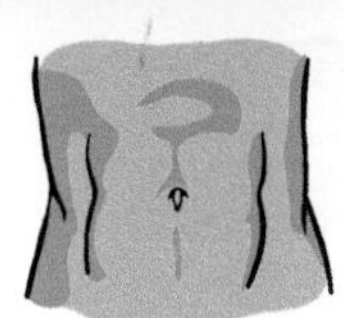

ombligo

ناف

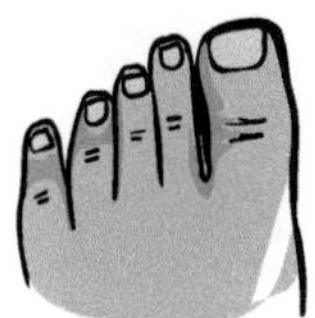

dedo del pie

پاؤں کا انگوٹھا

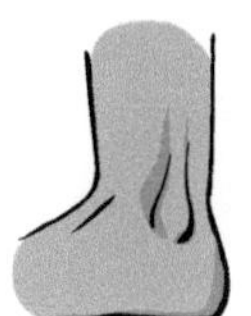

talón

ایڑھی

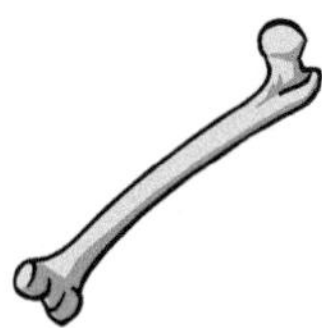

hueso

ہڈی

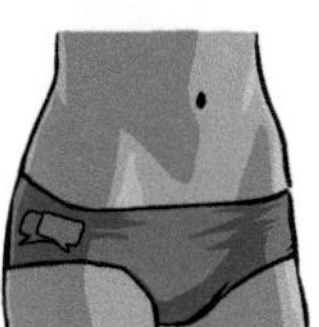

cadera

کولہا

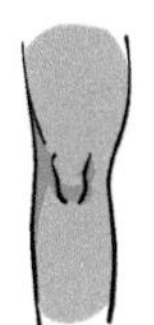

rodilla

گھٹنا

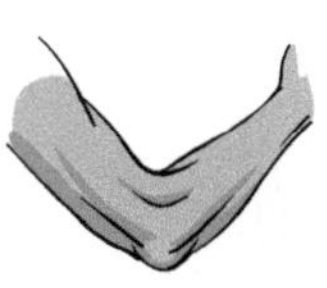

codo

کہنی

nariz

ناک

trasero

نچلا حصہ

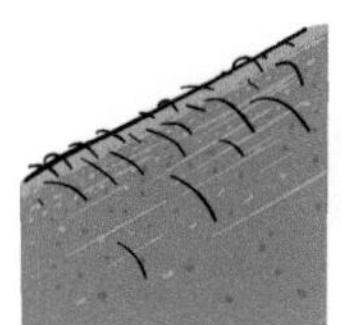

piel

جلد

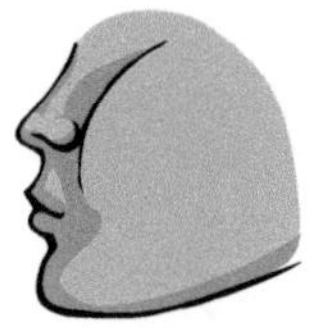

mejilla

گال

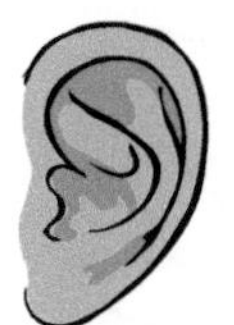

oído

کان

labio

ہونٹ

boca

مُنہ

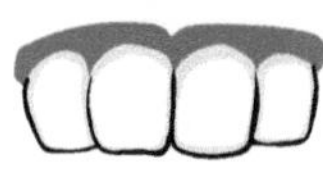

diente

دانت

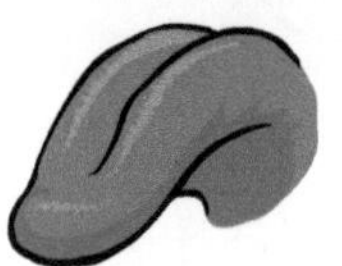

lengua

زُبان

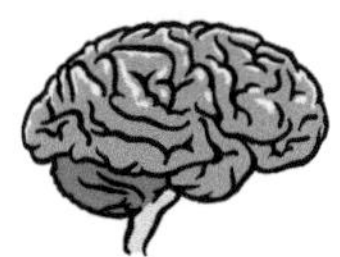

cerebro

دماغ

corazón

دل

músculo

پٹھہ

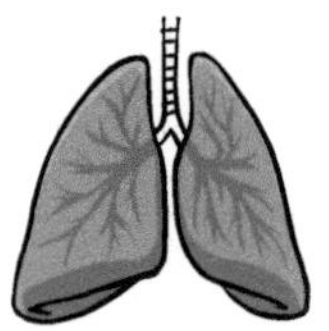

pulmón

پھیپھڑا

hígado

جگر

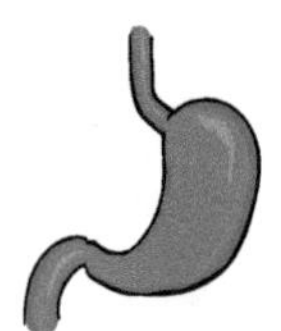

estómago

معدہ

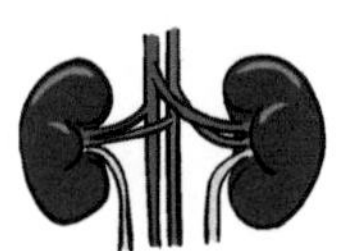

riñones

گردے

sexo

جنس

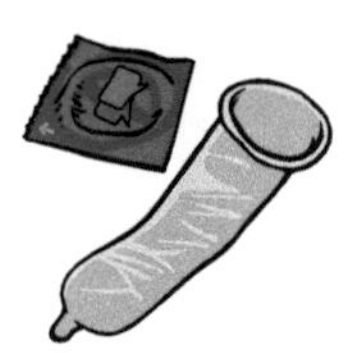

condón

کنڈوم

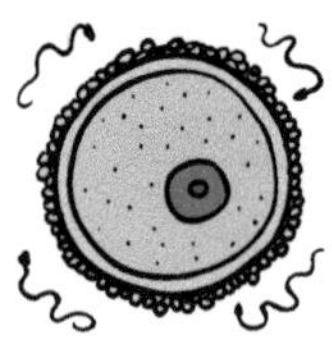

ovario

بیضہ

semen

مادہ منویہ

embarazo

حمل

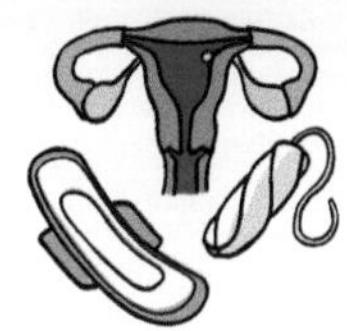

menstruación

حیض

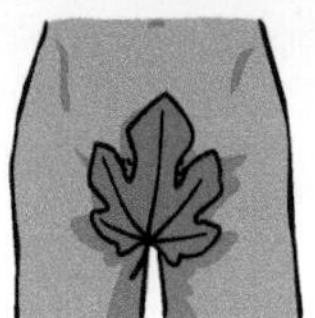

vagina

اندام نهانی

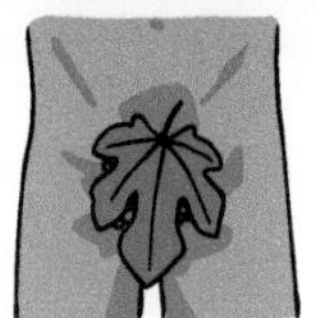

pene

عضوتناسل

ceja

بهنوین

pelo

بال

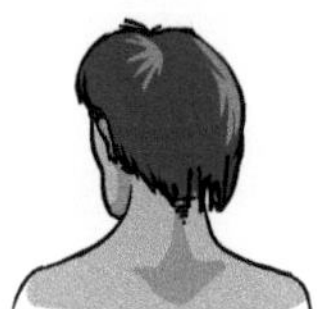

cuello

گردن

hospital

ہسپتال

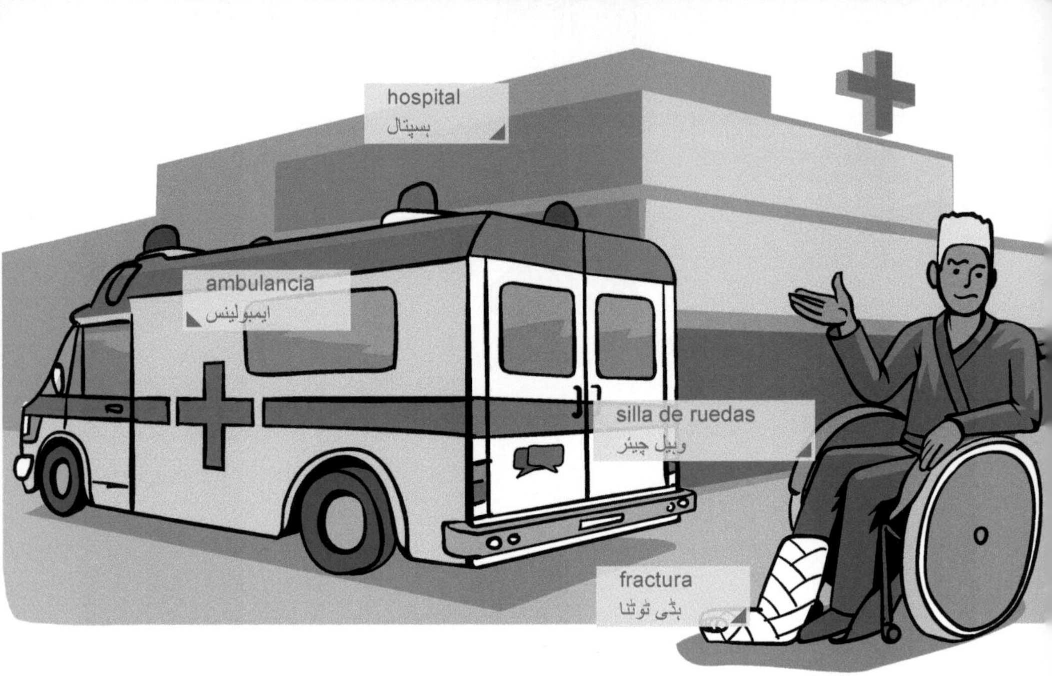

hospital
ہسپتال

ambulancia
ایمبولینس

silla de ruedas
وہیل چیئر

fractura
ہڈی ٹوٹنا

médico

ڈاکٹر

sala de urgencias

ہنگامی کمرہ

enfermera

نرس

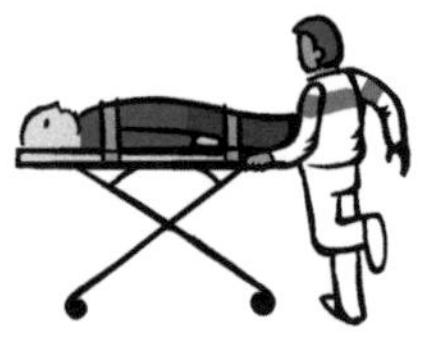

urgencia

ہنگامی صورتحال

inconsciente

بےہوش

dolor

درد

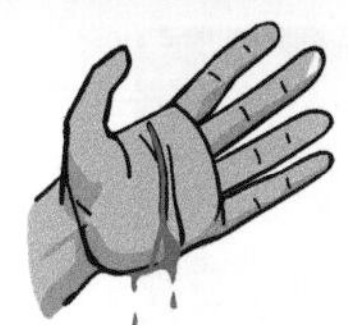

lesión

زخم

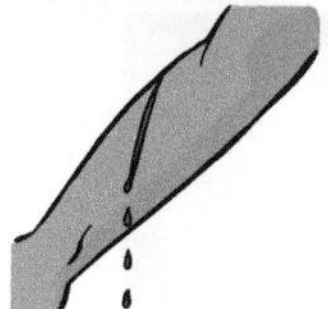

hemorragia

خون بہنا

infarto

دل کا دورہ

ictus

فالج

alergia

الرجی

tos

کھانسی

fiebre

بخار

gripe

زکام

diarrea

اسہال

dolor de cabeza

سردرد

cáncer

کینسر

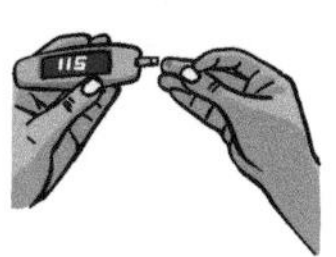

diabetes

ذیابیطس

cirujano

سرجن

bisturí

نشتر

operación

آپریشن

TAC

سی ٹی

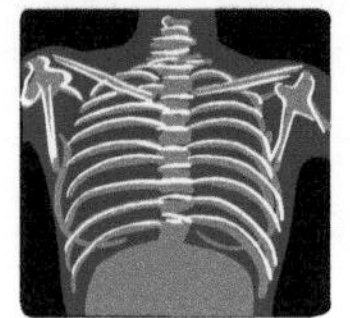

rayos x

ایکس رے

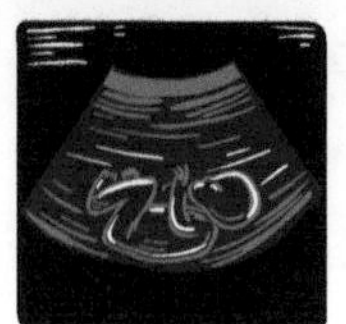

ultrasonido

الٹراساؤنڈ

mascarilla

چہرے کا نقاب

enfermedad

بیماری

sala de espera

انتظار گاہ

muleta

بیساکھی

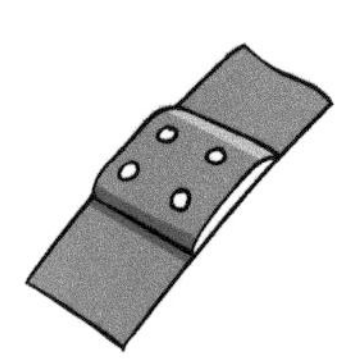

tirita

پلاسٹر

venda

پٹی

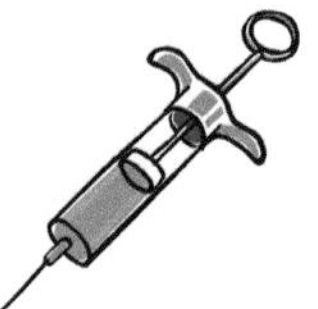

inyección

انجکشن

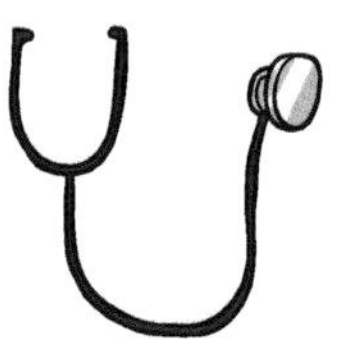

estetoscopio

اسٹیتھواسکوپ

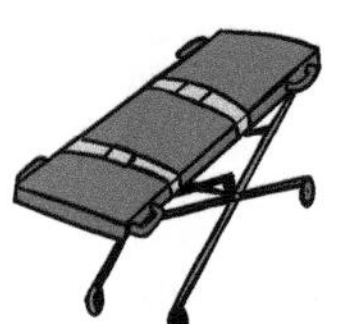

camilla

اسٹریچر

termómetro

مطبی تھرما میٹر

nacimiento

پیدائش

sobrepeso

حد سے زیادہ وزن

audífono

آلہ سماعت

desinfectante

جراثیم کش

infección

انفیکشن

virus

وائرس

VIH / SIDA

ایچ آئی وی/ ایڈز

medicina

دوا

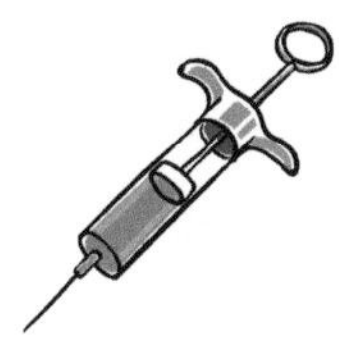

vacunación

ویکسی نیشن

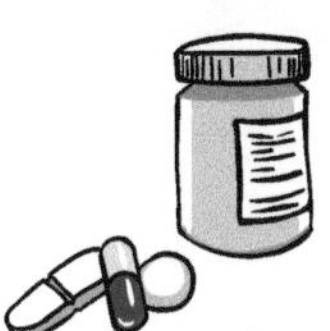

tabletas

گولیاں

pastilla

گولی

llamada de urgencia

ہنگامی کال

tensiómetro

بلڈ پریشر مانیٹر

enfermo / sano

بیمار / صحتمند

urgencia
ہنگامی صورتحال

¡Socorro!

مدد!

alarma

الارم

asalto

مُجرمانہ حملہ

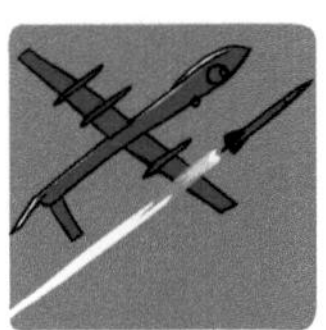

ataque

حملہ

peligro

خطرہ

salida de emergencia

ہنگامی راستہ

¡Fuego!

آگ!

extintor de incendios

آگ بُجھانےوالہ آلہ

accidente

حادثہ

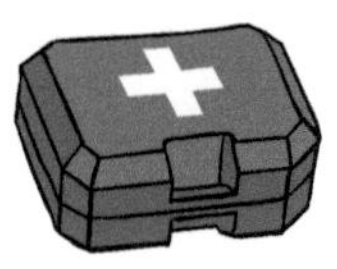

botiquín de primeros auxilios

ابتدائی طبی امداد کی کٹ

SOS

ایس او ایس

policía

پولیس

Europa

یورپ

Norteamérica

شمالی امریکہ

Sudamérica

جنوبی امریکہ

África

افریقہ

Asia

ایشیا

Australia

آسٹریلیا

Atlántico

بحراوقیانوس

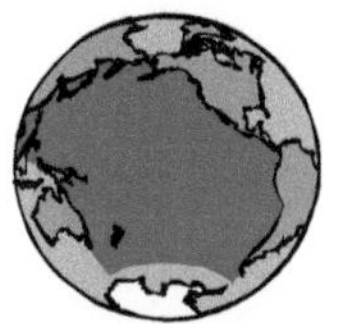

Pacífico

بحرالکاہل

Océano Índico

بحرہند

Océano Antártico

بحرقُطب جنوبی

Océano Ártico

بحرقُطب شمالی

polo norte

قُطب شمالی

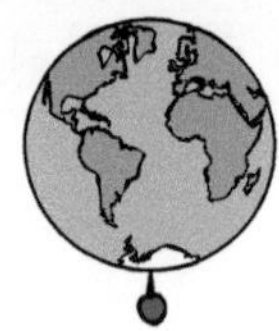

polo sur

قُطب جنوبی

Antártida

انٹارکٹیکا

tierra

زمین

tierra

زمین

mar

سمندر

isla

جزیرہ

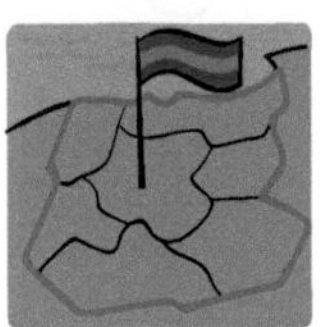

nación

قوم

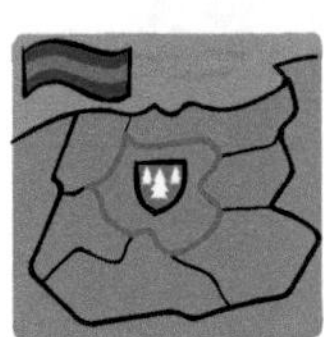

estado

ریاست

hora(s)

کلاک

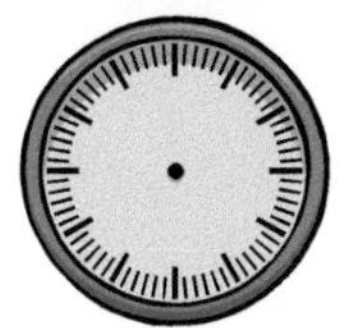

esfera

کلاک کا سامنےکا حصہ

manecilla de las horas

گھنٹوں والی سوئی

minutero

منٹوں والی سوئی

segundero

سیکنڈ ہینڈ

¿Qué hora es?

کیا وقت ہوا ہے؟

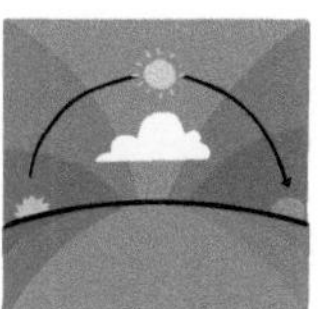

día

دن

tiempo

وقت

ahora

اب

reloj digital

ڈیجیٹل گھڑی

minuto

منٹ

hora

گھنٹہ

semana

هفتہ

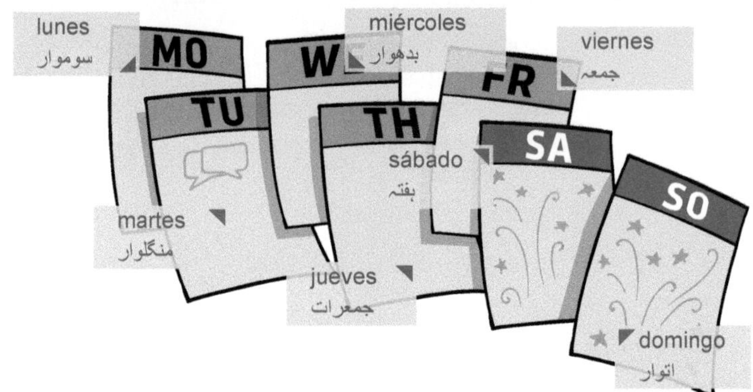

ayer

گزرا کل

hoy

آج

mañana

کل

mañana

صبح

mediodía

دوپہر

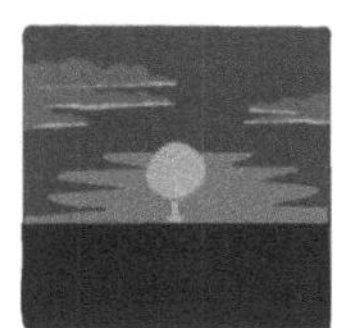

tarde

شام

MO	TU	WE	TH	FR	SA	SU
1	2	3	4	5	6	7
8	9	10	11	12	13	14
15	16	17	18	19	20	21
22	23	24	25	26	27	28
29	30	31	1	2	3	4

días laborables

کاروباری دن

MO	TU	WE	TH	FR	SA	SU
1	2	3	4	5	6	7
8	9	10	11	12	13	14
15	16	17	18	19	20	21
22	23	24	25	26	27	28
29	30	31	1	2	3	4

fin de semana

ہفتےکا اختتام

año

سال

lluvia
بارش
arcoíris
قوس قزح
viento
ہوا
nieve
برف
primavera
بہار
otoño
خزاں
verano
موسم گرما
invierno
موسم سرما

4.APRIL 11°
5.APRIL 4°
6.APRIL 13°
7.APRIL 8°
8.APRIL 10°

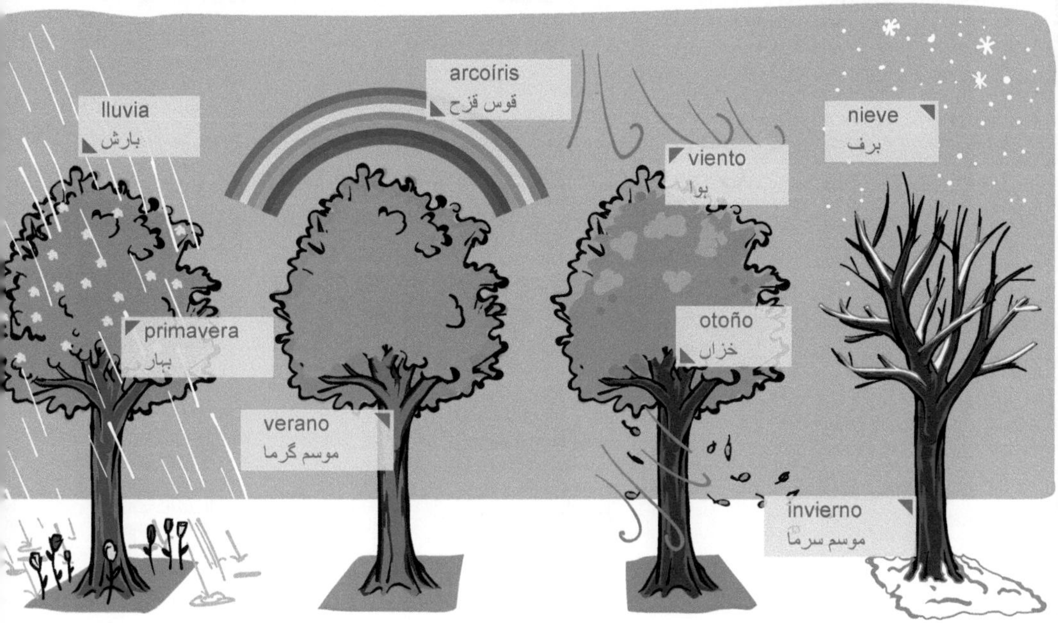

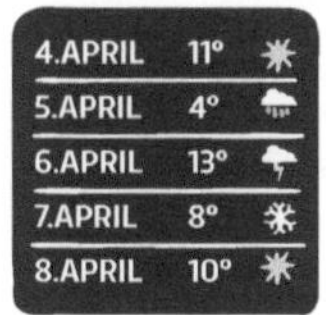

pronóstico del tiempo

موسمی پیش گوئی

F
C
120
90
60
30
0
-30
40
30
20
10
0
-10
-20

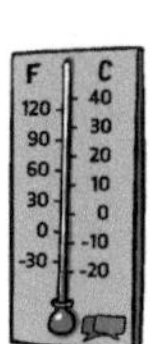

termómetro

تھرما میٹر

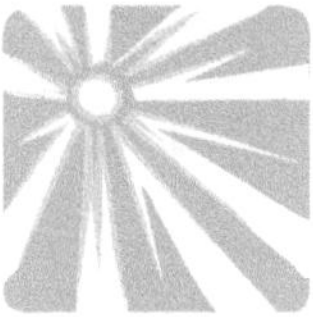

sol

دھوپ

nube

بادل

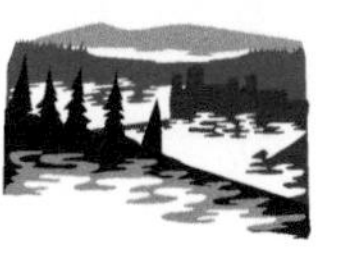

niebla

دُھند

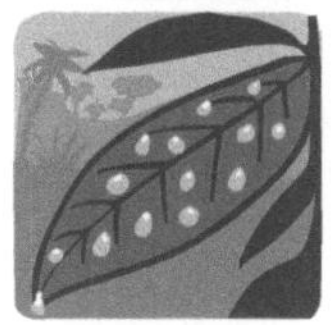

humedad

حبس

rayo

بجلی کوندھنا

trueno

بادلوں کی گرج

tormenta

طوفان

granizo

ژالہ باری

monzón

مون سون

inundación

سیلاب

hielo

برف

enero

جنوری

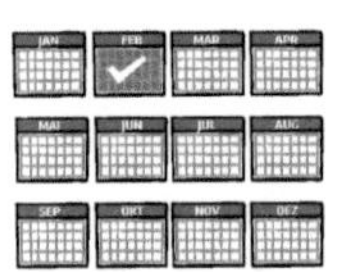

febrero

فروری

marzo

مارچ

abril

اپریل

mayo

مئی

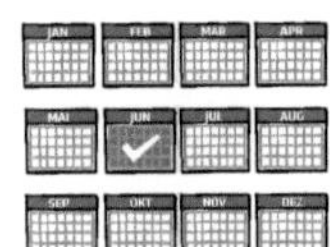

junio

جون

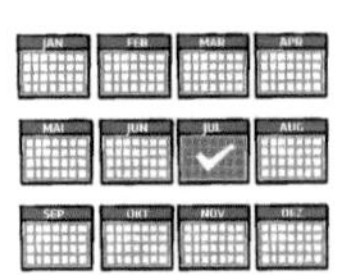

julio

جولائی

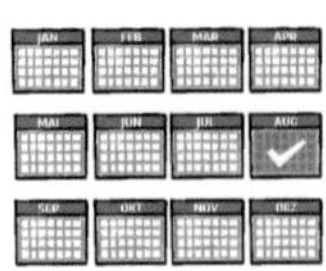

agosto

اگست

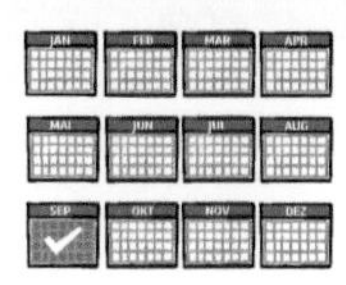

septiembre

....

ستمبر

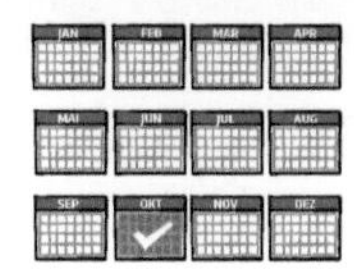

octubre

....

اکتوبر

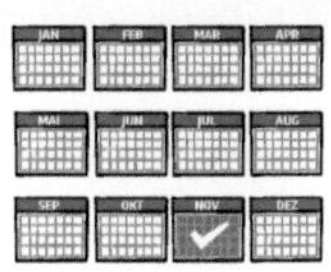

noviembre

....

نومبر

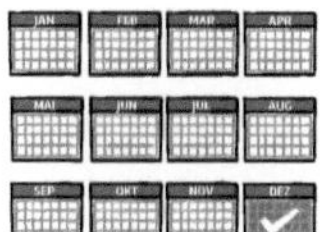

diciembre

....

دسمبر

formas

اشکال

círculo

....

دائره

cuadrado

....

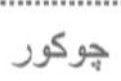

چوکور

rectángulo

....

مُستطیل

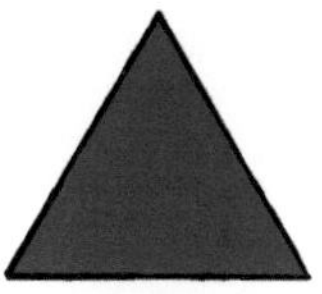

triángulo

....

تکون

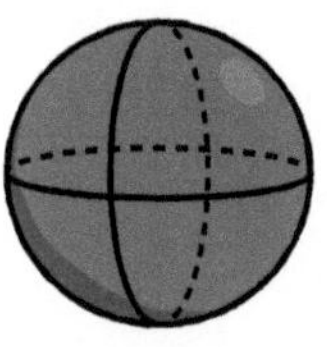

esfera

....

کُره

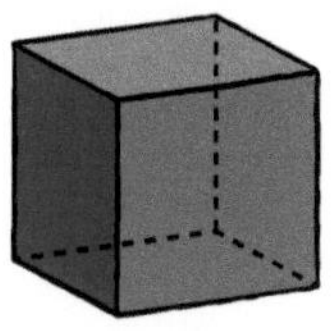

cubo

....

مکعب

colores

رنگ

blanco

سفید

amarillo

پیلا

anaranjado

نارنجی

rosa

گلابی

rojo

سُرخ

morado

جامنی

azul

نیلا

verde

سبز

marrón

بهورا

gris

مٹیالا

negro

سیاه

mucho / poco
بہت زیادہ / بہت کم

enojado / tranquilo
ناراض / پُرسکون

bonito / feo
خوبصورت / بدصورت

principio / fin
آغاز / اختتام

grande / pequeño
بڑا / چھوٹا

claro / oscuro
روشن / اندھیرا

hermano / hermana
بھائی / بہن

limpio / sucio
صاف / گندا

completo / incompleto
مکمل / نامکمل

día / noche
دن / رات

muerto / vivo
زندہ / مُردہ

ancho / estrecho
چوڑا / تنگ

comestible / no comestible

کھانے کے قابل ہونا / کھانے کے قابل نہ ہونا

malo / amable

بُرا / اچھا

entusiasmado / aburrido

پُرجوش / بوریت کا شکار

gordo / delgado

موٹا / دُبلا

primero / último

پہلا / آخری

amigo / enemigo

دوست / دُشمن

lleno / vacío

بھرا ہوا / خالی

duro / blando

سخت / نرم

pesado / ligero

بوجھل / ہلکا

hambre / sed

بھوک / پیاس

enfermo / sano

بیمار / صحتمند

ilegal / legal

غیرقانونی / قانونی

inteligente / tonto

عقلمند / بیوقوف

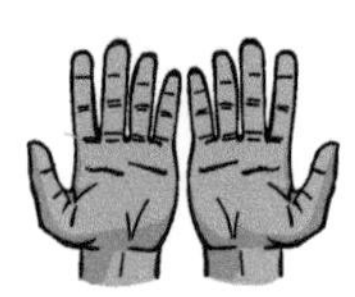

izquierda / derecha

بائیں / دائیں

cerca / lejos

نزدیک / دور

nuevo / usado

نیا / پُرانا

nada / algo

کچھ نہیں / کچھ ہے

viejo / joven

بوڑھا / نوجوان

encendido / apagado

آن / آف

abierto / cerrado

کُھلا / بند

silencioso / ruidoso

خاموش / بُلند آواز

rico / pobre

امیر/ غریب

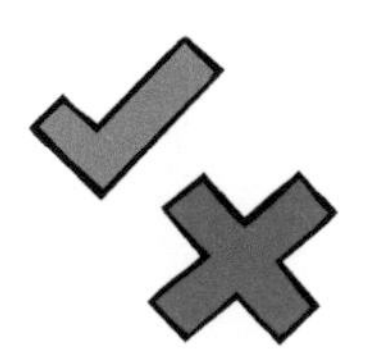

correcto / incorrecto

ٹھیک / غلط

áspero / suave

کھُردرا / ہموار

triste / contento

افسردہ / خوش

corto / largo

مُختصر / طویل

lento / rápido

آہستہ / تیز

húmedo / seco

گیلا / خُشک

cálido / frío

گرم / ٹھنڈا

guerra / paz

جنگ / امن

números

اعداد

0

cero

صفر

1

uno

ایک

2

dos

دو

3

tres

تین

4

cuatro

چار

5

cinco

پانچ

6

seis

چھ

7

siete

سات

8

ocho

آٹھ

9

nueve

نو

10

diez

دس

11

once

گیارہ

12

doce

باره

13

trece

تیره

14

catorce

چوده

15

quince

پندره

16

dieciséis

سولہ

17

diecisiete

ستره

18

dieciocho

اٹھاره

19

diecinueve

اُنیس

20

veinte

بیس

100

cien

سو

1.000

mil

ہزار

1.000.000

millón

دس لاکھ

idiomas

زبانیں

inglés

انگریزی

inglés americano

امریکی انگریزی

chino mandarín

چینی مینڈارین

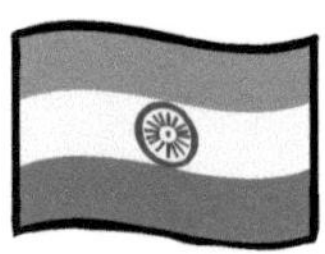

hindi

ہندی

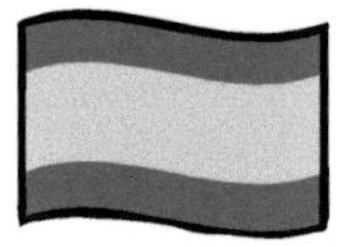

español

ہسپانوی

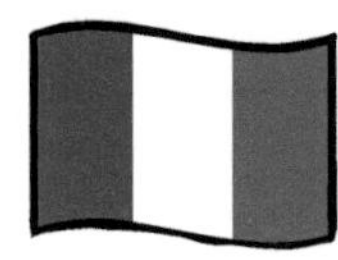

francés

فرانسیسی

árabe

عربی

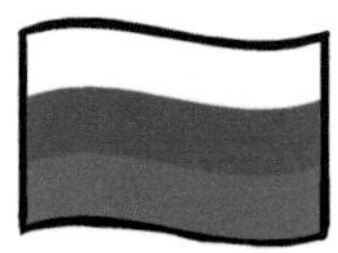

ruso

روسی

portugués

پُرتگالی

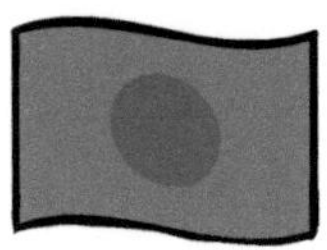

bengalí

بنگالی

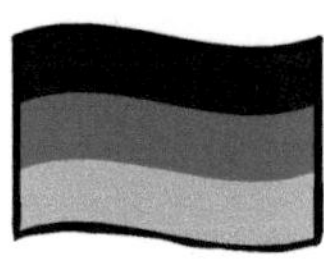

alemán

جرمن

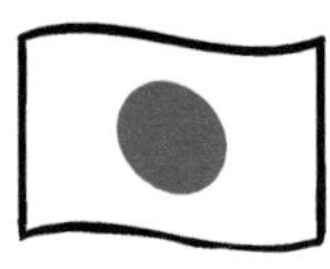

japonés

جاپانی

quién / qué / cómo

کون / کیا / کیسے

yo

میں

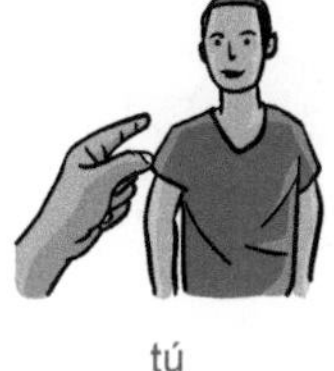

tú

تم

él / ella / ello

وہ (لڑکا) / وہ (لڑکی) / یہ

nosotros/as

ہم

vosotros/as

تم

ellos/as

وہ

¿quién?

کون؟

¿qué?

کیا؟

¿cómo?

کیسے؟

¿dónde?

کہاں؟

¿cuándo?

کب؟

nombre

نام

dónde

کہاں

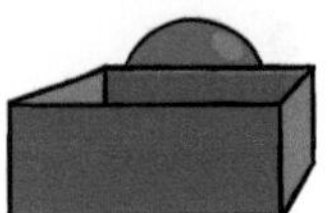

detrás

پیچھے

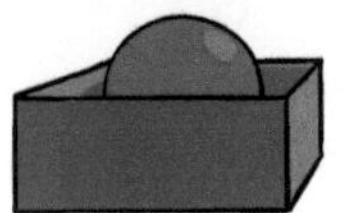

en

میں

delante de

کےسامنے

por encima de

اوپر

sobre

پر

debajo de

نیچے

junto a

ساتھ

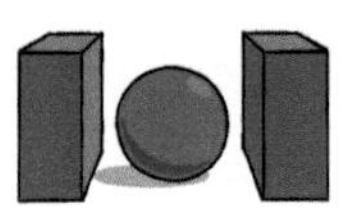

entre

درمیان

lugar

جگہ